Jean-Régis Fropo

Paroles de la Vierge Marie au monde

Jean-Régis Fropo

Paroles de la Vierge Marie au monde

Les récentes apparitions de la Vierge Marie dans le monde (1947-2002) reconnues par l'Église catholique

Éditions Croix du Salut

Impressum / Mentions légales
Bibliografische Information der Deutschen Nationalbibliothek: Die Deutsche Nationalbibliothek verzeichnet diese Publikation in der Deutschen Nationalbibliografie; detaillierte bibliografische Daten sind im Internet über http://dnb.d-nb.de abrufbar.
Alle in diesem Buch genannten Marken und Produktnamen unterliegen warenzeichen-, marken- oder patentrechtlichem Schutz bzw. sind Warenzeichen oder eingetragene Warenzeichen der jeweiligen Inhaber. Die Wiedergabe von Marken, Produktnamen, Gebrauchsnamen, Handelsnamen, Warenbezeichnungen u.s.w. in diesem Werk berechtigt auch ohne besondere Kennzeichnung nicht zu der Annahme, dass solche Namen im Sinne der Warenzeichen- und Markenschutzgesetzgebung als frei zu betrachten wären und daher von jedermann benutzt werden dürften.

Information bibliographique publiée par la Deutsche Nationalbibliothek: La Deutsche Nationalbibliothek inscrit cette publication à la Deutsche Nationalbibliografie; des données bibliographiques détaillées sont disponibles sur internet à l'adresse http://dnb.d-nb.de.
Toutes marques et noms de produits mentionnés dans ce livre demeurent sous la protection des marques, des marques déposées et des brevets, et sont des marques ou des marques déposées de leurs détenteurs respectifs. L'utilisation des marques, noms de produits, noms communs, noms commerciaux, descriptions de produits, etc, même sans qu'ils soient mentionnés de façon particulière dans ce livre ne signifie en aucune façon que ces noms peuvent être utilisés sans restriction à l'égard de la législation pour la protection des marques et des marques déposées et pourraient donc être utilisés par quiconque.

Coverbild / Photo de couverture: www.ingimage.com

Verlag / Editeur:
Éditions Croix du Salut
ist ein Imprint der / est une marque déposée de
AV Akademikerverlag GmbH & Co. KG
Heinrich-Böcking-Str. 6-8, 66121 Saarbrücken, Deutschland / Allemagne
Email: info@editions-croix.com

Herstellung: siehe letzte Seite /
Impression: voir la dernière page
ISBN: 978-3-8416-9838-4

Copyright / Droit d'auteur © 2013 AV Akademikerverlag GmbH & Co. KG
Alle Rechte vorbehalten. / Tous droits réservés. Saarbrücken 2013

Jean-Régis FROPO

Paroles de Marie aux hommes de ce temps

Les récentes manifestations de La Vierge Marie reconnues par l'Église catholique (1947 – 2002)

L'Ile-Bouchard (France), **Syracuse** (Italie), **Kibeho** (Rwanda), **Amsterdam** (Pays-Bas) **Akita** (Japon), **San Nicolas** (Argentine)

En préface, un texte du Cardinal Ratzinger

« Un signe grandiose apparut au ciel : c'est une Femme ! Le soleil l'enveloppe, la lune est sous ses pieds, et douze étoiles couronnent sa tête. Elle est enceinte et crie dans le travail de l'enfantement » Apoc. 12,1-2

« L'Esprit et l'Épouse disent :' Viens !' Que celui qui écoute dise : 'Viens !' Et que l'homme assoiffé s'approche, que l'homme de désir reçoive l'eau de la Vie gratuitement » Apoc. 22,17

PAROLES DE MARIE AUIX HOMMES DE CE TEMPS

Les récentes manifestations de la Vierge Marie reconnues par l'Église catholique (1947 – 2002)

PRÉFACE

Il semble que depuis une cinquantaine d'années, on a fait état de nombreuses manifestations de la Vierge Marie au monde des hommes. Cela est sans doute dû à notre époque troublée de bien des manières. Face à ces faits, plusieurs attitudes sont possibles :

– une trop grande crédulité qui manque de discernement. Une importance exagérée accordée à des "messages" qu'on finit par mettre au-dessus de la Parole de Dieu révélée. Une "ferveur" qui fait par exemple entreprendre des pèlerinages répétés, mais qui risque de détourner de son **devoir d'état quotidien**. Il faut rappeler que la foi théologale se fonde sur l'Écriture Sainte et la Tradition interprétées et transmises par le Magistère de l'Église. L'amour réaliste du prochain uni à l'amour de Dieu est le critère dernier et ultime du baptisé.

- une suspicion "à priori", qui fait rejeter toute possibilité d'intervention d'origine surnaturelle par des canaux parfois surprenants et par des personnes pouvant être gratifiées de charismes authentiques, notamment celui de **"prophétie"** (cf St Thomas. Somme Théologique II a II ae QU 171 à 174). Il faut ajouter que les milieux cléricaux, notamment en France, sont en général peu ouverts à examiner de près ces questions. Il en résulte pour nombre de baptisés un manque d'information et d'aide au discernement.

L'Église catholique a toujours eu **une grande prudence** vis à vis des manifestations supposées de l'Au-delà. Cependant, elle a pu, par la voix de ses pasteurs légitimes, reconnaître le caractère **authentique** de ces interventions. Pour nous, baptisés ou non, un texte du **Cardinal Joseph Ratzinger**, Préfet de la Congrégation pour la Doctrine de la Foi, va nous enseigner sur la place que peuvent tenir ces "révélations" dans la foi de l'Église (1) :

" *L'enseignement de l'Église distingue entre la **"révélation publique"** et les "révélations privées"**. Entre ces deux réalités , il y a une différence non seulement **de degré mais de nature**. Le terme "révélation publique" désigne l'action révélatrice de Dieu, qui est destinée à l'humanité entière et qui a trouvé son expression littéraire dans les deux parties de la Bible : l'Ancien et le Nouveau Testament. On l'appelle **"révélation"** parce qu'en elle ,*

Dieu s'est fait connaître progressivement aux hommes, au point de devenir lui-même homme, par son Fils incarné, Jésus-Christ.(…). Dieu étant unique, l'histoire qu'il vit avec l'humanité est unique ; **elle vaut pour tous les temps** *et elle a trouvé son accomplissement dans la vie, la mort et la résurrection de Jésus-Christ* **: en Christ, Dieu a tout dit,** *c'est-à-dire lui-même, et donc la révélation s'est achevée avec la réalisation du mystère du Christ, qui a trouvé son expression dans le Nouveau Testament…*

Le Catéchisme de l'Église catholique dit à ce sujet : "Même si la Révélation est achevée, elle n'est pas complètement explicitée ; il restera à la foi chrétienne d'en saisir graduellement toute la portée au cours des siècles " (n.66). Les deux aspects, à savoir le lien entre l'unicité de l'événement et la progression dans sa compréhension, sont très bien illustrés dans le dernier discours du Christ, lorsque, faisant ses adieux aux disciples, il leur dit : "J'aurais encore beaucoup de choses à vous dire, mais pour l'instant, vous n'avez pas la force de les porter. Quand il viendra, lui, l'Esprit de vérité, il vous guidera vers la vérité tout entière. " (Jn 16,12-14).(…). Dans ce contexte, il devient désormais possible de comprendre correctement le concept de **"révélation privée",** *qui se réfère à toutes les visions et à toutes les révélations qui ont eu lieu après la conclusion du Nouveau Testament : " Au fil des siècles, il y a eu des révélations dites "privées", dont certaines ont été reconnues par l'autorité de l'Église.(…)* **Leur rôle n'est pas de compléter la Révélation définitive du Christ, mais d'aider à en vivre plus pleinement à une certaine époque de l'histoire "(n.67).**

*Deux éléments sont ainsi clarifiés : 1/ L'autorité des révélations privées est substantiellement différente de l'unique révélation publique : cette dernière exige notre foi…***certitude sur laquelle j'édifie ma vie** *et à laquelle je me confie en mourant.*

2/ La révélation privée est une aide pour la foi, et elle se manifeste comme crédible précisément **par ce qu'elle renvoie à l'unique révélation publique**. *Le Cardinal Lambertini, futur Pape Benoit XIV, dit à ce sujet dans son traité classique devenu ensuite normatif pour les béatifications et canonisations : "Un assentiment de foi catholique n'est pas dû à des révélations approuvées de cette manière ; ce n'est même pas possible. Ces révélations requièrent plutôt un assentiment de foi humaine conforme aux règles de la prudence, qui nous les présentent comme probables et crédibles dans un esprit de piété".*

Le théologien flamand E. Dhanis, éminent connaisseur de cette question, affirme que l'approbation ecclésiale d'une révélation privée comporte trois éléments : 1/ Le message relatif ne contient rien qui s'oppose à la foi et aux bonnes mœurs ; 2/ il est licite de le rendre public ; 3/ les fidèles sont autorisés à lui donner, de manière prudente, leur adhésion. Un tel message peut être une aide valable pour comprendre et mieux vivre l'Évangile **à l'heure actuelle** ; c'est pourquoi il ne doit pas être négligé. Il est une aide qui est offerte, mais dont il n'est nullement obligatoire de faire usage (…).

L'Apôtre Paul écrit *:"**N'éteignez pas l'Esprit**, ne méprisez pas les prophéties, mais discernez la valeur de toute chose, ce qui est bien, gardez-le " (1-Thes 5,19). A toutes les époques est donné à l'Église **le charisme de prophétie**, qui doit être examiné, mais qui ne peut être déprécié. A ce sujet, il convient de tenir compte du fait que la prophétie au sens biblique, ne signifie pas prédire l'avenir, mais expliquer la volonté de Dieu pour le présent , et donc montrer la voie droite pour l'avenir. Celui qui prédit l'avenir satisfait à la curiosité de la raison, qui désire ouvrir le voile de l'avenir ; le prophète, quant à lui, satisfait à l'aveuglement de la volonté et de la pensée, et éclaire la volonté de Dieu comme exigence et indication pour le présent. Dans ce cas, l'importance de la prédiction de l'avenir est **secondaire**. Ce qui est essentiel, **c'est l'actualisation de l'unique révélation**, qui me concerne en profondeur : la parole prophétique est **un avertissement ou encore une consolation**, ou même les deux à la fois.

En ce sens, on peut associer le charisme de la prophétie à la catégorie des *"signes des temps"*, qui a été remise e

n lumière par le Concile Vatican II : "L'aspect de la terre et du ciel, vous savez le juger ; mais le temps où nous sommes, pourquoi ne savez-vous pas le juger ?" (Luc 12,56). Par "signe des temps", dans ces paroles de Jésus, il faut entendre son propre chemin lui-même. Interpréter les signes des temps à la lumière de la foi signifie reconnaître **la présence du Christ en tout temps**. Dans les révélations privées reconnues par l'Église, il s'agit de ceci : nous aider à comprendre les signes des temps et à trouver pour eux la juste réponse dans la foi ".

(1) Comprendre le sens du message de Fatima. Commentaire théologique du Cardinal Ratzinger
Documentation catholique du 16 juillet 2000 , page 678 à 683.

Des révélations "privées" peuvent avoir des effets dans la liturgie catholique elle-même : fête du Corps du Christ avec Ste Julienne du Mont Cornillon (Belgique, 1229) ; fête du Sacré-Cœur avec Ste Marguerite-Marie (France, 1672) ; dimanche de la Miséricorde avec Ste Faustine Kowalska (Pologne, 2000).

Dans l'histoire des chrétiens arméniens, on relève un étonnante prophétie ; elle fut émise en 1850 par une jeune garçon de onze ans, Efim. Il annonça qu'une grave persécution s'abattrait sur les arméniens et qu'il leur fallait fuir dans un pays lointain identifié comme étant les Etats-Unis d'Amérique. Au début du 20° siècle, Efim exhorta ses frères à quitter l'Arménie ; seules quelques familles se résolurent à abandonner les terres de leurs pères. En 1914, plus d'un million d'Arméniens périrent dans le génocide perpétré par les Turcs dans des conditions effroyables.

LES ÉVÈNEMENTS DE L'ÎLE BOUCHARD
France, 8 au 14 décembre 1947

Du 8 au 14 décembre 1947 se déroulèrent à l'Ile Bouchard, petite localité de Touraine, une série d'événements assez étonnants. En effet, dans un contexte politique et social très tendu, quatre petites filles dirent avoir vu la Vierge Marie pendant ces sept jours. La situation en France est alors très difficile (1).

Après la victoire des Alliés et la libération du territoire, la **"guerre froide"** s'est installée entre la Russie soviétique et les États-Unis. La mainmise de l'URSS sur l'Europe de l'Est s'accentue. L'année 1947 est alors l'une des années les plus noires de l'histoire de France. Un hiver très froid épuise les réserves de charbon ; le gel détruit une part des récoltes ; les prix grimpent parfois jusqu'à 50% ! ; les finances publiques sont à sec. Début décembre, les bassins miniers, les grandes usines, les arsenaux, sont en grève; les voies ferrées sont bloquées, les sabotages se multiplient.

Un témoin écrit : **"Nous sommes à la veille d'une totale interruption de la vie du pays**, par suite des grèves...peut être d'une insurrection communiste. Nous connaissons une angoisse proche des pires jours de l'occupation ". Le Président du Conseil, Robert Schuman, et le Ministre de l'Intérieur, Jules Moch, décident de mobiliser 80.000 réservistes. Une guerre civile paraît inévitable...

Dans son petit village de la Drôme, Chateauneuf-de-Galaure, une âme mystique, Marthe Robin prie pour la France. Le 8 décembre au matin, son curé et confesseur, le Père Finet, monte chez elle et lui dit : "Marthe, la France est foutue. Nous allons avoir la guerre civile". "Non, mon Père. **La Vierge Marie va sauver la France à la prière des petits enfants**" lui répond Marthe.

Ce même jour, à 13h., commencent les événements de l'Ile Bouchard, une commune de 1.300 habitants environ, à une quarantaine de km au sud de Tours, sur la Vienne : commerçants, artisans, petits rentiers, journaliers, paysans. Les esprits sont calmes. Sous une apparente indifférence religieuse, derrière le respect humain, la foi subsiste. Les enfants sont baptisés, les mourants reçoivent les sacrements. Deux écoles libres groupent 75 élèves.

Le témoignage de Jacqueline Aubry

Lundi 8 décembre 1947

Nous étions quatre petites filles à avoir vu la Vierge Marie dix fois.
Il y avait ma sœur **Jeannette** qui avait 7 ans, ma petite cousine **Nicole** qui avait 10 ans, une petite voisine **Laura**, qui avait 8 ans, et moi j'en avais 12... On allait à l'école libre toutes les quatre. Nos parents nous avaient mises à l'école libre pas tellement parce qu'ils avaient la foi. Pour ce qui est de Papa et de Maman, jamais je les avais vus prier. Mais ils nous avaient mises à l'école ; chez Nicole, c'était pareil, et chez la petite Laura, c'était une famille anticléricale...

Nous voici donc **ce matin du 8 décembre 1947**. La sœur qui nous faisait la classe nous dit:" Oh ! Mes enfants, aujourd'hui, c'est une fête de la Sainte Vierge. Eh bien, les fillettes qui passent devant l'église, ce serait bien qu'elles entrent prier la Vierge Marie"...

Il était environ 1 heure, je dis à ma petite sœur et à ma petite cousine **:" Si vous voulez, on va entrer dire une petite prière à la Sainte Vierge "**. On entre dans l'église. Alors vous avez la grande nef, et sur la gauche la petite nef romane, qui était la nef de la Sainte Vierge. On la prend et on va s'agenouiller sur les premiers prie-Dieu...Dans ma petite tête d'enfant, je m'étais dis :" Je vais réciter dix *Je vous salue Marie* sur mes doigts ". J'en étais au quatrième *Je vous salue Marie* , quand tout à coup, qu'est-ce que j'aperçois entre le vitrail et l'autel, dans l'angle, mais **une dame d'une beauté extraordinaire.** Et à côté d'elle, à genou, **un ange**. C'était tellement beau que mon cœur se mit à battre très fort..." Ah! Je dis, Nicole, mais regarde donc ! Regarde donc la belle Dame ! ". Elle lève la tête, elle dit **:" Oh ! Que c'est beau ! Oh ! La belle Dame ! "**. Et ma petite sœur Jeannette, elle, attirée par la belle lumière, elle se lève , et en s'asseyant sur la chaise, et en joignant les mains, elle dit:**" Oh, le beau ange ! Oh ! le beau ange !"**

C'était tellement beau ! Qu'est-ce qu'on a fait ? Eh bien, on s'est blotties toutes les trois les unes à coté des autres, et on regardait cette belle jeune dame qui nous souriait. Mais on n'a pas osé s'approcher d'elle. **Qui était cette belle dame ?** (La petite Laura se joint aux trois autres et elle voit aussi la dame).

A l'époque (dans cette nef de coté de l'église), vous aviez l'autel. De chaque coté de l'autel, il y avait deux piédestaux, sur lesquels il y avait deux plantes vertes. La dame cachait la plante verte.

Elle était sur une pierre rectangulaire marron, sur laquelle, dessus, il y avait cinq roses, et cette prière, que cette belle dame va vous apprendre toute la semaine, écrite en lettres d'or **:" O Marie conçue sans péché, priez pour nous qui avons recours à vous "**.

La dame était assez grande. Elle était habillée d'une magnifique robe blanche allant s'élargissant vers le bas, attachée au milieu par une ceinture bleue, sur les cotés, dont les pans bougeaient comme s'il y avait eu un petit vent qui venait de la droite. Le bord de son col, le bord de ses manches étaient brodés d'or. Elle était pieds nus, les mains jointes**, un beau chapelet blanc** monté sur or à son bras droit... Mais ce qui faisait notre enthousiasme, à nous enfants, c'est que cette belle dame avait une magnifique chevelure blonde qui descendait jusqu'aux genoux. Mais ce qui était beau...c'est le visage – on ne savait pas encore que c'était le visage de Marie. Et vous savez, le visage de Marie, c'est quelque chose **d'extraordinaire de beauté** : son petit visage ovale, rosé, des petites lèvres roses, mais ce qu'on a contemplé et admiré, ce sont ses yeux. Alors là, les yeux de Marie, c'est quelque chose d'extraordinaire. Nous, on les a vus bleus, mais d'un bleu qu'on trouve pas sur la terre. En définitive, ce bleu, c'est tout ce qu'on connaît de Marie : **c'est toute cette bonté, toute cette douceur, toute cette tendresse**. Et nous, enfants, ce qui nous a frappées, c'est une grande pureté qui émanait de ce magnifique regard bleu de cette belles dame. Et cette belle dame faisait tout juste 16-17 ans, mais on l'a appelé "Madame", parce qu'elle faisait dame.

Et autour d'elle, il y avait comme des rayons d'or, qui formaient comme une grotte, mais qui ne faisaient pas du tout mal aux yeux. Et à sa droite il y avait un ange. Alors là, **l'ange était couleur lumière.** Il était habillé de blanc, il avait comme une paire d'ailes qui frémissaient sur ses épaules, couleur lumière, brodées d'or. On le voyait de profil, un œil bleu, et il offrait à cette belle dame un lis composé de trois fleurs blanches. Et cet ange était en admiration et en contemplation devant cette belle dame. Et autant cette belle dame faisait une personne vivante de la terre, l'ange, lui, était beaucoup plus lumineux, plus couleur lumière...
(les sœurs de l'école ainsi que le curé de la paroisse sont mis au courant : mais les petites ne sont pas crues ; un peu plus tard dans cette après-midi, elles retournent à l'église).

Dès le fond de la nef de la Sainte Vierge, qu'est-ce qu'on aperçoit ? la belle dame et l'ange qui nous attendaient. Alors on va avancer...Et cette belle dame qui était toute jeune, toute souriante, son visage va devenir triste. La première phrase qu'elle nous dit est celle-ci, tristement **:" Dites aux petits enfants de prier pour la France car elle en a grand besoin "**... Laura et Jeannette lui posent cette question :" Madame, êtes-vous notre Maman du ciel ? " La Sainte Vierge répond :" **Oui, je suis votre Maman du ciel** "..." Mais Madame, quel est l'ange qui vous accompagne ? " La Sainte Vierge va se tourner vers l'ange, l'ange qui était de profil, va se tourner vers nous, et lui aussi, avec un gentil sourire, il va nous dire :" **Je suis l'ange Gabriel** ", à la grande joie de ma petite sœur, qui le soir, en racontant ça à Maman qui ne voulait pas la croire, lui dit:" Mais tu sais, Maman, j'ai même vu ses deux oeils "...

(les enfants retournent à l'école et à la demande de la maîtresse, Jacqueline et Nicole vont écrire une première relation de l'apparition ; à 17h, Monsieur le Curé récite le chapelet avec les sœurs et les enfants ; la Vierge Marie est présente et suit la prière).

Mardi 9 décembre
(Les enfants retournent à l'église à 13h)

Et nous, toutes les quatre, on est entré dans l'église , et quelques instants après, la Vierge Marie va nous apparaître tout aussi belle que la veille... Et c'est ce mardi que la Vierge Marie va prendre la croix de son chapelet, la mettre à l'intérieur de sa main droite et, la main gauche sur son cœur, elle va nous dire:
" **Embrassez la croix de mon chapelet** " . Et sur la croix, il y avait un beau Christ or souffrant...Puis, après avoir embrassé la croix du chapelet, la première prière que la Sainte Vierge va nous montrer, eh bien, c'est de faire **un beau signe de croix**. Et, très lentement, la Vierge Marie va faire un majestueux et lent signe de croix. Et en faisant ce signe de croix, elle aura un visage de prière et de méditation...
Et nous, on copie le signe de croix de la Vierge Marie. Le signe de croix terminé, la Vierge Marie nous dit tristement :" **Priez pour la France qui, ces jours-ci, est en grand danger** ".
Et puis, souriante : " **Dites à Monsieur le Curé de venir à 2 heures avec la foule et les enfants pour prier** ".

(A 17h, ce mardi, les enfants vont à l'église accompagnés d'une vingtaine d'enfants et d'une trentaine de personnes)

Ce soir mardi, la Vierge Marie et l'ange nous apparaissent tout aussi beaux. On vient à ses pieds, et c'est comme si elle avait attendu **des âmes de prière** tout près d'elle pour nous faire prier. La première prière qu'elle nous demande est celle-ci :" **Chantez le Je vous salue Marie, ce cantique que j'aime bien**" " **Oh oui, Madame !** ". De tout notre cœur, on lui chante ce *Je vous salue Marie* qu'on chantait à l'école, au catéchisme, au patronage. Et la sainte Vierge est tout heureuse qu'on lui chante ce *Je vous salue Marie*. Le

Je vous salue Marie terminé, elle me regarde, et elle me dit :" **Voulez-vous dire aux personnes d'approcher pour réciter une dizaine de chapelet** ". Et la Sainte Vierge égrènera son chapelet et ne remuera ses lèvres que jusqu'à " Sainte Marie…"

La dizaine terminée, je lui pose cette question : " Oh Madame, faudra-t-il revenir demain ? Reviendrez-vous encore ? " Elle me répond : " Revenez demain à 1h ; quand tout sera terminé, je vous le dirai ". Et c'est ce soir là qu'elle nous apprend cette belle prière :" **O Marie conçue sans péché, priez pour nous qui avons recours à vous** ".

Mercredi 10 décembre

(Ce jour-là, Jacqueline se heurte à l'incrédulité de son père, mais la nouvelle se répand et à 13h, il y aura une centaine de personnes à l'église ; Monsieur le Curé et les sœurs sont cachés dans la sacristie…)

Alors ce mercredi, la Vierge Marie nous apparaît tout aussi belle que la veille. On approche, on vient à ses pieds. Elle nous dit : " **Chantez le *Je vous salue Marie*** " " Oui Madame ". De tout notre cœur, on lui chante le *Je vous salue Marie.* Puis elle met la main gauche sur son cœur, et c'est elle qui nous tend sa main et qui nous dit :" **Baisez ma main** ". On va avoir la joie et la grâce de baiser la main de Marie…. Les centaines de personnes qui sont là vous diront :" **On ne l'a pas vue, nous, Marie, mais on a senti sa présence** ". C'était bien au même endroit que l'on embrassait.

(Puis, à la demande de Maman) je lui dis :" Oh Madame ! Voulez-vous faire un miracle pour que tout le monde croie ?". Elle me répond :" **Je ne suis pas venu ici pour faire des miracles, mais pour vous demander de prier pour la France. Mais demain, vous verrez clair, vous ne porterez plus de lunettes…**"

Alors je vais vous dire ce dont je souffrais. J'avais une forte myopie…et depuis ma naissance, j'avais une conjonctivite purulente. Et mes yeux pleuraient jour et nuit, de l'humeur, de l'humeur…La nuit ça formait des croûtes et chaque matin Maman m'enlevait les croûtes avec de l'eau bouillie. Et de plus, j'avais un léger strabisme de l'œil droit.

Jeudi 11 décembre

(En se réveillant le matin, Jacqueline s'aperçoit que ses yeux sont entièrement guéris ; ses parents, fous de joie, vont chercher Monsieur le Curé)

Quand Monsieur le Curé est arrivé, j'étais descendu dans le magasin. Dès qu'il a vu mes yeux, ce brave Monsieur le Curé, il a levé les bras vers le ciel, il a dit :" **Mais c'est donc vrai qu'elle descend parmi nous !** ". Et d'un Monsieur le Curé sévère, on a eu un Monsieur le Curé gentil (sic). Il m'a embrassée, et puis vite – j'ai su ça longtemps après – il est allé téléphoner à l'Archevêché de Tours et Monseigneur lui a dit :" Eh bien, maintenant, assistez à l'apparition avec vos religieuses ". Si bien que ce jeudi, Monsieur le Curé, avec les religieuses et la foule est dans l'église.

Et ce jeudi, la sainte Vierge, tout aussi belle que la veille, nous dit :" Chantez le *Je vous salue Marie*...". Monsieur le Curé m'a écrit sur un petit papier que je lis à la Sainte Vierge : " Madame, d'où nous vient cet honneur que vous avez choisi cette église pour apparaître ? ".

Elle me répond :" **C'est parce qu'il y a des personnes pieuses, et que Jeanne Delanoue y est passée** " (Sainte Jeanne Delanoue, 1666-1736, canonisée le 31 octobre 1982).

Sainte Jeanne Delanoue est la fondatrice des Sœurs de Saumur, qui étaient venues évangéliser, près de 300 ans auparavant, toute cette région de Touraine. Et de génération en génération, il y a toujours eu des personnes pieuses (dans la paroisse). Et voyez-vous, c'est une personne pieuse qui m'a appris à réciter le *Je vous salue Marie*. Et si nous, toutes les quatre, on a eu cette grâce de voir de nos yeux Marie, **c'est grâce à ces personnes pieuses qui priaient.**

(La Vierge Marie leur fait prier une dizaine de chapelet, puis Jacqueline lui de mande de faire des guérisons)

La Sainte Vierge va attendre un peu, et elle va répondre par cette belle phrase :
" **Je donnerai du bonheur dans les familles** "... Maintenant, on le comprend très bien, que la Vierge Marie veut que nos familles retrouvent cette paix et cette joie dans tous les cœurs; Donc, prions la Vierge Marie par des *Je vous salue Marie*, une prière toute simple, et Marie donnera à toutes ces familles qui souffrent, le bonheur.

Puis, Jacqueline note : "De voir Marie, ça ne perturbe pas, on vivait, on mangeait, on dormait, on jouait et on travaillait comme les semaines précédentes. De voir Marie, **c'est une grâce qui est donnée intérieurement.**

Vendredi 12 décembre

Ce vendredi, la sainte Vierge apparaît avec une auréole de toutes les couleurs, sauf le noir et le violet, et le beau nom de **MAGNIFICAT** (sur la poitrine). Et elle est rayonnante de bonheur...Un officier du Ministère de l'Intérieur a dit à Monsieur le Curé **:" La France a été sauvée par la prière de vos quatre gosses** ", et par la prière de tous les enfants du village et par tous ces paroissiens qui se trouvaient aux pieds de Marie. Marie est rayonnante de bonheur, elle nous dit :" Chantez le *Je vous salue Marie* " " Oui, Madame ". De tout notre cœur on chante le *Je vous salue Marie*.

Ce vendredi, elle nous fait réciter une dizaine de chapelet, et elle nous pose cette question :" Priez-vous pour les pécheurs ? ". De temps en temps, Monsieur le Curé nous faisait prier. " Mais oui Madame, nous prions ". " **Bien. Surtout, priez beaucoup pour les pécheurs** ".

(Les prêtres présents insistent pour obtenir un autre miracle). La Vierge répond :" Je ne suis pas venue pour faire des miracles, **mais pour vous demander de beaucoup, beaucoup prier**. Revenez demain à 1h ". Et elle disparaît dans sa belle poussière de lumière.

Samedi 13 décembre

La foule est dans l'église. Beaucoup de prêtres sont là et nous entourent...Ce samedi va être une apparition de prière. Ce que Marie est venue nous demander à l'Ile-Bouchard, c'est tout simple. Elle nous a demandé la prière du *Je vous salue Marie*, et surtout, **elle est venue nous apprendre à prier**.

Et la prière qu'elle nous a demandée, eh bien, c'est la prière du **Je vous salue Marie**. Et toute cette foule qui est là ce samedi, il y a beaucoup d'incroyants, beaucoup qui ont perdu cette prière du *Je vous salue Marie*. ET en nous demandant de le chanter ou de le réciter, Marie fait prier toute cette foule qui est dans l'église. Et beaucoup, par notre intermédiaire, et au contact de la Vierge Marie, redécouvriront cette belle prière du *Je vous salue Marie*. C'est pour cela que là-bas, Mgr Fiot, à l'évêché de Tours, a demandé de prier la Vierge, à l'Ile-Bouchard, sous le titre de **" Notre-Dame de la prière "**. Parce que c'est une prière toute simple, cette prière du *Je vous salue Marie*, mais qui lui fait un plaisir qu'on ne peut imaginer. Plus on la priait, plus elle était heureuse. Et pour nous, on croyait qu'elle était de plus en plus belle, non, c'est qu'elle était de plus en plus heureuse. Plus on lui récitait de *Je vous salue Marie*, plus elle était joyeuse. Si bien que ce samedi, ça va être **une apparition de prière**. Et de temps en temps, elle tournera ses yeux vers toute cette foule qui prie.

Dimanche 14 décembre

Et nous voilà le dimanche 14 décembre. Ce sera la dixième fois qu'on aura la grâce de contempler la Vierge Marie. Des milliers de personnes sont dans l'église. Tous les prêtres, tous ceux qui peuvent venir, sont là présents, nous entourent... Marie nous apparaît plus belle que jamais, plus rayonnante de bonheur.

Et toujours, l'ange Gabriel à genoux, en contemplation et en admiration devant elle. La Vierge Marie nous dit : " **Chantez le Je vous salue Marie** " " Oui Madame ". De tout notre cœur on lui chante le *Je vous salue Marie.*

(Les enfants offrent des fleurs à Marie ; elle les embrasse, les bénit et les leur rend). Puis ce dimanche, la Vierge Marie nous fera prier cinq dizaines de chapelet...Et tous ces incroyants qui étaient là, ce dimanche, ils ont prié le chapelet entier. Je lui posais cette question : " **Madame que faut-il faire pour consoler le Seigneur des peines que lui causent les pécheurs ?** ".

Elle répond avec un visage de méditation : " **Il faut prier et faire des sacrifices** " – elle va nous dire : " **Récitez une dizaine de chapelet les bras en croix** "- " Oui Madame ". Alors toutes les quatre en même temps, on mettra nos bras en croix. C'est l'époque où, pendant le carême, Monsieur le Curé nous faisait prier les bras en croix.

Et puis, elle me regarde et elle me dit : " **Voulez-vous dire à la foule de chanter le Magnificat** ".
(la foule chante le Magnificat). Mais de voir la Sainte Vierge pendant le chant du Magnificat, c'était extraordinaire ! Sa joie ! Nous enfants, on voyaient comme une prière qui montait de son cœur vers le ciel. **Mais une joie, une joie qui est indescriptible !** Et elle était tellement joyeuse qu'elle nous communiquait cette joie. On était loin de ressembler à Marie. Mais elle était tellement belle, tellement joyeuse, que mon cœur s'est mis à battre de joie, j'ai cru que j'allais mourir de joie. Sur son visage, il y avait comme le sourire d'un enfant.
(La Vierge Marie promet qu'avant de partir, elle enverra un **"vif rayon de soleil"** dans l'église. A l'extérieur, le ciel est gris, très bas, il y a du brouillard : un rayon lumineux très fin et intense passe par le vitrail et traverse lentement toute l'église ; tous ceux qui sont présents peuvent le voir).

Puis avant de partir comme c'est le dernier jour, **elle nous bénit.** Mais ces derniers jours en nous bénissant, elle jette un regard vers toute cette foule qui est dans l'église, qui est venue là pour la prier. Et puis, elle regarde les prêtres qui sont autour de nous avec beaucoup de tendresse. Puis une dernière fois, elle nous regarde, vous savez avec des yeux qu'on ne peut oublier. Je vous disais : un bleu qu'on ne trouve pas sur la terre, mais qui est **plein de bonté, de tendresse, de douceur, et surtout de grande pureté.** Puis tout en nous souriant, elle disparaît dans sa belle poussière de lumière, ainsi que l'ange qui lui, est toujours en admiration et en contemplation devant la Vierge Marie. Et c'est là que nous quatre, on aperçoit ce bel éventail de rayon de soleil qui lui aussi s'évanouira tout doucement. Ca a été le seul rayon dans l'Île-Bouchard ce jour-là (fin du témoignage de Jacqueline).

En conclusion de ces événements de l'Île- Bouchard, nous reproduisons le décret de Monseigneur André VINGT-TROIS, Archevêque de Tours, donné le 8 décembre 2001 :

" Depuis 1947, de nombreux catholiques viennent en pèlerinage à l'église Saint-Gilles de l'Île-Bouchard pour y vénérer la Vierge Marie. Ces pèlerinages ont porté de nombreux fruits de grâce. Sans jamais céder à l'attrait du sensationnel, ils développent un esprit de prière et contribue à la croissance de la foi des participants. Après avoir étudié soigneusement les faits et avoir pris conseil des personnes compétentes, j'autorise ces pèlerinages et le culte public célébré en l'église paroissiale Saint-Gilles de l'Île-Bouchard pour invoquer Notre-Dame de la Prière, sous la responsabilité pastorale du curé légitime de cette paroisse ".

Que pouvons-nous retenir de ces événements ?

- Le vocable, Notre-Dame de la Prière, signifie que la Vierge Marie nous invite à prier ; elle souligne l'importance du signe de croix bien fait, de la prière du chapelet, de l'invocation " O Marie conçue sans péché, priez pour nous qui avons recours à vous ", du Magnificat.
- Marie demande des prières et des sacrifices pour la conversion des pécheurs ; bien sûr, nous sommes tous pécheurs et nous avons à nous convertir sans cesse ; en disant " les pécheurs ", Marie veut sans doute faire allusion aux baptisés qui se sont endurcis dans l'éloignement de Dieu et vivent dans le péché grave.
- elle nous fait comprendre combien la famille vraiment chrétienne doit être un lieu de bonheur et de joie ; elle veille avec sollicitude sur chacune d'elle.
- la France est comprise comme une grande famille qui est parfois en danger. Marie intercède et nous demande de prier pour la France et ceux qui la gouvernent.
- Marie se montrant dans l'église paroissiale, se révèle comme Mère de l'Église et de chaque communauté paroissiale. Elle nous invite à rejoindre notre propre communauté de paroisse et à y accomplir nos devoirs de baptisé avec nos frères les plus proches.

Prière de Mgr Vingt-Trois, Archevêque de Tours, le 8 décembre 1999 :

Sainte Marie, Notre-Dame de la Prière, tu as accueilli dans la foi le message de l'Ange Gabriel et tu es devenue la Mère de Jésus, le Fils Unique de Dieu :
Apprends-nous à prier pour grandir dans la foi.
A la Visitation, tu as exulté de joie par le Magnificat : **Apprends-nous à rendre grâce à Dieu.**
A Cana, tu as prié le Christ pour qu'il donne le vin des noces :
Apprends-nous à intercéder pour nos frères.
Debout au pied de la Croix, tu as souffert par amour pour les pécheurs :
Apprends-nous à accueillir la miséricorde du Père.
A la Pentecôte, tu priais avec les Apôtres quand ils ont reçu la plénitude de l'Esprit saint : **Apprends-nous à demander l'Esprit pour témoigner de l'Évangile.**
Tu es la Mère de l'Église et la protectrice des familles. Veille sur

chacune de nos familles :
Apprends-nous à nous aimer avec fidélité.
Tu es la Mère de l'humanité et la Patronne de la France, ouvre notre pays aux dimensions universelles de l'Amour de Dieu : **Apprends-nous à servir avec générosité.**
O Marie conçue sans péché, priez pour nous qui avons recours à vous !
Notre-Dame de la Prière, apprenez-nous à prier !

LA VIERGE AUX LARMES DE SYRACUSE
Italie, 29 août au 1° septembre 1953

Le samedi 21 mars 1953, le curé de l'église paroissiale du Panthéon, à Syracuse, avait béni le mariage de deux jeunes de la paroisse : Angelo et Antonina. Entre autre cadeau, ce jeune couple d'un milieu populaire, avait reçu un petit bas-relief en plâtre représentant Marie Immaculée ; ce n'était certes pas une œuvre d'art, mais l'expression de la confiance des simples envers la Mère de Dieu. Bientôt Antonina se trouva enceinte, mais la grossesse se passait difficilement : en effet sa vue se brouillait périodiquement. Elle souffrit beaucoup cette nuit du 28 au 29 août dans le logement très modeste qu'elle occupait avec Angelo.

Vers 8h30 du matin elle se tourna vers le petit bas-relief de la Vierge placé au dessus du lit : elle s'aperçut alors que **des larmes coulaient sur le visage de la Vierge**. Emotion, crainte, joie…car elle se sentait guérie de ses diverses douleurs. Il est facile d'imaginer comment la nouvelle se répandit dans le voisinage, puis dans le quartier tout entier et dans la ville…nous sommes en Italie ! C'était vraie…la Vierge d'Antonina pleurait, elle versait de vraies larmes ! Durant cette matinée du 29 août, la
" Madonnina " ou " petite Vierge " a pleuré 6 ou 7 fois devant des personnes venues déjà très nombreuses. La foule se pressait dans la pauvre maisonnette, tout le monde voulait voir. On fit appel à la police qui dut constater que la Vierge pleurait vraiment. Le prodige se renouvela plusieurs fois **pendant quatre jours** en présence de milliers de témoins, du curé de la paroisse, du chancelier de l'Archevêché, du Commissaire de police. Le Curé de la paroisse constitua rapidement une commission formée des Docteurs Francesco Cotzia, Michele Cassola, de l'Ingénieur Luigi D'Orso et d'un médecin chimiste, le Dr Bertin Roberto, qui préleva le liquide apparu sur la statue.

Le rapport des autorités scientifiques qui ont procédé à l'analyse ne contient pas moins de quatre longues pages ; *"Le 1° septembre 1953, à 11 heures, sur mandat du Chancelier de la Curie archiépiscopal de Syracuse, Mgr Giuseppe Cannarella, nous nous sommes rendus au n°11 Via degli Orti, habitation de Mme Giusto Antonina, pour constater le prétendu phénomène de l'émission de liquide par une image de la Madone. La dite dame, sur notre invitation, a ouvert un coffre fermé à clé, au fond duquel était placée, recouverte d'un linge, une image de la Madone, apparemment de maïolique colorée, sur verre noir. La dite image était évidemment mouillée en plusieurs endroits de la face et du buste, qui ont été soigneusement essuyés avec du coton. Il n'en est resté qu'une seule goutte, à l'angle interne de l'œil gauche, laquelle a été prélevée avec une pipette d'un dixième de centimètre cube.*

Par la suite, d'autres gouttes ont jailli du même endroit, lesquelles ont été aussi récoltées. Tandis qu'on déposait le contenu dans un tube de verre, d'autres larmes sont descendues de l'œil et se sont rassemblées dans la cavité formée par la main soutenant le cœur, où elles ont été également prélevées. Il n'a pas été possible, durant le prélèvement, d'empêcher qu'une partie des larmes ne fussent essuyées par les assistants. En tout, il a été porté au laboratoire à peine plus d'un centimètre cube de liquide. Le phénomène a duré environ quinze minutes depuis que l'image avait été sortie du coffre, il ne s'est pas répété et il n'a donc pas été possible d'avoir d'autre liquide pour l'examen (...)

*En conclusion, l'aspect, l'alcalinité, et la composition induisent à soutenir que le liquide analysé possède une composition analogue à **la sécrétion lacrymale humaine**.* (suivent les noms et signatures des quatre scientifiques). *Le Curé de Saint-Thomas apôtre, Giussepe Bruno, atteste avoir assisté à l'épreuve d'examen pratiqué sur le liquide dont il est question dans la présente relation et avoir reçu le serment sur les Évangiles des signataires, qui ont souscrit en ma présence "* Syracuse, le 9 septembre 1953.

La nouvelle déclencha un mouvement populaire important : une foule de pèlerins, en bonne santé ou malades, accourait de toutes part. Le curé raconte que , jour après jour, de vraies foules de fidèles se pressaient pour prier et implorer des grâces de la Vierge Marie. Un sentiment unanime d'émotion touchait le cœur de beaucoup. Dans la paroisse de Saint Thomas Apôtre qui se trouve près du lieu de la lacrymation, des pèlerins désirant se confesser arrivaient par vagues ininterrompue. Le nombre des prêtres ne suffisait plus. Il fallut faire appel à des prêtres extérieurs pour confesser et donner la communion à ces nouveaux pèlerins qui venaient de toutes parts.

Dans l'après-midi du 5 septembre, on amena **la petite Enza Moncada, agée de 3 ans et demie,** au pied de la Madone miraculeuse : l'enfant souffrait de paralysie enfantine depuis l'âge d'un an ; les traitements n'avaient donné aucun résultat. Après quelques minutes de prière, on vit l'enfant se lever et agiter sa petite main auparavant inerte ; elle articulait sa main avec des yeux pleins de stupeur, tournait et retournait son bras, n'osant pas croire au miracle !

Communiqué de l'Épiscopat Sicilien

« *Les évêques de la Sicile réunis hier pour la conférence habituelle à Bagheria (Palerme), ont écouté la relation complète de Mgr Baranzani,*

Archevêque de Syracuse, à propos de la lacrymation de l'image du Cœur Immaculé de Marie qui s'est répétée plusieurs fois les 29,30,31 août et le 1° septembre de cette année, à Syracuse. A la suite d'un examen attentif des dépositions attestées sous serment de nombreux témoins oculaires, ils ont émis à l'unanimité le jugement qu'on ne peut mettre en doute la réalité des faits. Ils ont donc exprimé le vœu qu'une si miséricordieuse manifestation de la Mère céleste entraine tous les fidèles à une salutaire pénitence et à une dévotion plus vivante envers le Cœur Immaculé de Marie en souhaitant l'urgente construction d'un sanctuaire qui perpétue le souvenir du prodige « Palerme, le 12 décembre 1953

Le radio-message du Pape Pie XII au peuple sicilien, 17 octobre 1954

Après les conclusions données par la commission d'enquête nommée par l'Évêque de Syracuse, l'Épiscopat Sicilien avait conclu à l'unanimité " qu'on ne pouvait mettre en doute la réalité des faits concernant la lacrymation " (12 décembre 1953). Quelques mois plus tard, le radio-message du Pape Pie XII, le 17 octobre 1954, allait donner son interprétation ecclésiale à cette manifestation de la Vierge Marie. Le Pape prononça ces paroles mémorables

" Maintenant, si, dans le peuple de Sicile, la dévotion à Marie est à ce point ardente et enracinée, qui pourrait s'étonner que, comme l'ont rappelé vos éminents chefs spirituels, la Vierge ait choisi une de vos cités particulièrement célèbre pour répandre en ces derniers temps les grâces les plus signalées ?

Il est bien certain que jusqu'à ce jour le Siège apostolique n'a en aucune façon exprimé publiquement son jugement à propos des larmes qui, dit-on, ont coulé des yeux d'une image de la Madone dans une humble demeure de travailleurs. Pourtant, ce n'est pas sans une vive émotion que nous avons pris connaissance de la déclaration unanime des évêques de Sicile sur la réalité de ces événements.

Sans doute, Marie est au ciel, infiniment heureuse et n'éprouve ni douleur ni tristesse. Pourtant elle ne reste pas insensible. Elle nourrit toujours amour et pitié pour le genre humain malheureux auquel Dieu l'a donnée pour Mère lorsque douloureuse et en larmes, elle se tenait debout au pied de la Croix où était attaché son Fils. **Les hommes comprendront-ils le secret langage de ces larmes ?**

Oh les larmes de Marie ! C'étaient sur le Golgotha des larmes de compassion pour son Jésus et de tristesse pour les péchés du monde. Pleure-t-elle encore pour les plaies renouvelées dans le Corps Mystique de Jésus ? Pleure-t-elle pour tant de fils chez qui l'erreur et le péché ont éteint la vie de la grâce et qui offensent gravement la Majesté divin

Attend-t-elle en pleurant tristement le retour toujours retardé d'autres hommes qui sont aussi ses fils ? Ou d'autres, autrefois fidèles, entraînés par de faux mirages et passés dans les rangs des ennemis de Dieu ? Il vous appartient de coopérer à travers votre exemple et votre action, au retour des égarés à la Maison du Père ".

Depuis 1953, un fort courant de conversion et de prière s'est propagé en Sicile. **Le Pape Jean-Paul II** a tenu à faire ce pèlerinage et à consacrer lui-même le très beau sanctuaire qui a été élevé à Syracuse pour accueillir l'humble image de la Madone (6 novembre 1994) : « Sanctuaire de la Madone des Larmes, tu es destiné à rappeler à l'Église les larmes de la Mère » . Il a composé lui-même la prière suivante :

" O Vierge des Larmes, regarde avec bonté maternelle la souffrance du monde,
Essuie les larmes de ceux qui souffrent, de ceux qui sont oubliés, désespérés, victimes des violences.
Obtiens pour tous des larmes de repentir et de vie nouvelle,
Qui ouvrent les cœurs au don régénérateur de l'Amour de Dieu.
Obtiens pour tous des larmes de joie après avoir vu la profonde tendresse de ton Cœur. Amen !

LES APPARITIONS DE KIBEHO
Rwanda, 28 novembre 1981 au 28 novembre 1983

En 1981, Kibeho faisait partie du diocèse de Butare, dont l'évêque était alors Mgr Jean-Baptiste Gahamanyi. Celui-ci a mis en place deux commissions d'étude, et il approuva le **culte public** à Kibeho le 15 août 1988. Les faits de Kibeho ont été reconnus par Mgr Misago : ce sont les premières apparitions "reconnues" en Afrique (2).

Les faits

Kibeho est un gros village situé au sud du pays, dans la préfecture de Gokongoro, la région la plus pauvre du Rwanda. La population est majoritairement catholique : 35.000 baptisés pour 52.000 habitants. Ce sont des prêtres rwandais du clergé diocésain qui la desservent. La paroisse est organisée en de nombreuses communautés de base ; il y a plusieurs groupes de jeunes chrétiens et La Légion de Marie ; elle a un collège de jeunes filles qui accueillent de nombreux élèves. La ferveur religieuse dans le collège n'avait rien de particulier. Il n'y a pas de chapelle et les élèves qui désirent se rendre à la messe doivent aller à l'église paroissiale. L'école est très pauvre : il faut aller puiser l'eau deux fois par jour dans la vallée.

Dans la journée du **28 novembre 1981**, alors qu'elle se trouve au réfectoire avec d'autres élèves, une étudiante, **Alphonsine Mumureke**, tombe brusquement à genou, le visage extasié ; elle dira peu après avoir vu une Dame d'une beauté incomparable ; celle-ci se présentera ensuite sous le vocable de **" Nyina Wa Jambo "**, c'est-à-dire la **"Mère du Verbe "**. Alphonsine dira : " La Vierge n'était pas vraiment blanche, je ne saurais préciser la couleur de sa peau ; elle était d'une beauté incomparable. Elle ne portait pas de souliers ; elle avait une robe blanche sans couture et portait un voile blanc; ses mains étaient jointes à la hauteur de la poitrine, les doigts dirigés vers le ciel ".Le phénomène se répéta dans la suite, à des intervalles plus ou moins réguliers presque chaque samedi.. On prit d'abord Alphonsine soit pour une folle, soit pour une malheureuse fille possédée par des esprits mauvais ; ou bien encore pour une élève médiocre voulant jouer simplement la comédie pour mieux se faire accepter dans une école tenue par " les Sœurs ". Dans ce groupe de jeunes filles (Alphonsine a 16 ans), il y a la curiosité mais aussi la jalousie et les moqueries : Alphonsine est cataloguée comme une "illuminée" et exclue de son groupe.

Cependant les élèves étaient intriguées par les paroles prononcées pendant la visite de Marie : manifestement, Alphonsine communiquait avec quelqu'un. Bien sûr, elles n'entendaient pas les paroles de "l'Apparition", mais celles d'Alphonsine. Lorsqu'il s'agissait de la vie de l'école, les élèves pouvaient reconstituer la conversation. S'il y avait eu supercherie ou quelque autre phénomènes psychologique, il aurait été facile, après les apparitions, d'amener Alphonsine à se contredire. Parfois, "l'Apparition" parlait des personnes présentes, alors qu'Alphonsine ignorait qu'elles se trouvaient là. Chacun pouvait la voir en extase et vérifier qu'elle était bien "absente de ce monde" (coup d'épingle, brûlure).

Un groupe d'élèves membres du Renouveau charismatique prit l'initiative d'organiser une neuvaine de prière en décembre 81 dans le but de demander des lumières pour voir clair dans cette affaire. L'opinion publique fera tout pour trouver une explication naturelle du phénomène, mais sans beaucoup de succès, étant donné un ensemble de faits étonnants, qui dépassent le simple entendement humain. A la rentrée scolaire de janvier 82, après les vacances de noël, la majorité des élèves est toujours incrédule ou sceptique. C'est alors qu'une nouvelle voyante se révèle dans la soirée du 12 janvier 82 : **Nathalie Mukamazimpaka.** Elle est reconnue comme une fille habituellement effacée mais elle est responsable de La Légion de Marie et participe au groupe de prière du Renouveau Charismatique.

L'apparition à Nathalie ne dissipa point tous les doutes des élèves, encore moins parmi les professeurs et les sœurs. On restait méfiant envers Nathalie en raison de sa faiblesse intellectuelle et de sa piété bien connue. C'est dans cette atmosphère de doute que surviennent les apparitions à **Marie-Claire Mukangango,** le 2 mars 82, à la grande surprise de tous, car Marie-Claire était une de celles qui manifestaient activement et publiquement leurs incrédulité.

Marie-Claire a alors 21 ans et elle est très différente d'Alphonsine et Nathalie ; elle est spontanée, turbulente et même parfois indisciplinée. Elle a la confiance de ses compagnes et a été plusieurs fois élue déléguée de classe. Elle est responsable JEC (Jeunesse Étudiante Catholique), et organise des rencontres d'étudiants pendant les vacances. Sa vie chrétienne n'avait rien de particulier ni même d'exemplaire ! Les apparitions à Marie-Claire ne dureront que six mois et s'achèveront le **15 septembre 1982**. Depuis, elle ne cesse de dire : "Il faut méditer la Passion de Jésus ; il faut prier le Rosaire et tout spécialement le chapelet de Sept Douleurs de la Vierge Marie".

Le déroulement des Apparitions

Elles avaient lieu soit au dortoir des internes, soit dans la cour de l'école, en public, avec un podium aménagé pour faciliter la communication avec la foule et les observations concernant les voyantes Au dortoir, la voyante a souvent un message à transmettre aux élèves, des conseils sur la marche de l'établissement, comment vivre le carême...La Vierge Marie se révèle comme une éducatrice très au courant des faits concrets de l'existence ! Ces apparitions sont considérées comme privées et le public n'est pas admis à y participer. Par contre, les apparitions dans la cour de l'école sont pour tous : c'est en fait une conversation qui se fait entre le voyant et "l'Apparition". Tous peuvent entendre et enregistrer les paroles du voyant, mais ils n'entendent pas la "partie du Ciel" ! **Le 31 mai 1982**, lors de la fête de la Visitation, la foule est déjà estimée à **15.000 personnes** : les apparitions en public durent des heures, parfois du début de l'après-midi jusque tard dans la nuit (en Afrique, on a le temps !), sous un soleil implacable, mais la foule reste calme et suit attentivement grâce au podium et aux micros. Beaucoup viennent en curieux, mais deviennent bientôt des pèlerins qui écoutent le message et prient avec les voyants. La foi et la ferveur de ces foules sont remarquables.

Ce que dit le voyant dans ces apparitions publiques est souvent très utile pour la vie spirituelle du chrétien : la Vierge Marie enseigne avec autorité et discernement ! Les apparitions à Nathalie sont trèssuivies car sa conversation est un enseignement de haute qualité spirituelle. La "conversation" du voyant se trouve entrecoupée par des sourires, des chants, des remerciements, des prières d'intercession : la foule y participe avec enthousiasme. La Vierge Marie a appris aux voyantes plusieurs cantiques, très expressifs.

Par ailleurs, Alphonsine et Nathalie ont effectué chacune des **"voyages"** avec la Vierge Marie dans une dimension de l'univers autre que la nôtre. Elles ont "visité" trois zones différentes et habitées et ont utilisé des termes symboliques et poétiques pour les décrire. Pendant plusieurs heures, la voyante était plongée dans un état d'inconscience et d'immobilité semblable à un coma, totalement insensible aux tests effectués sur elle (ce "coma" pouvait durer six à sept heures). Les **"lieux visités"** pendant ces voyages semblent aux nombre de trois :

1/" Là sont ceux qui obéissent à Dieu, ses fidèles. Là est le comble de la joie, la plénitude du bonheur. Là sont les Bien-aimés du Tout-Puissant ".
2/ " Là sont ceux qui espèrent, qui sont pardonnés. Là sont les patients, les persévérants ".
3/ " Là sont ceux qui ne seront pas pardonnés, les désespérés. Là sont les impénitents, les incorrigibles ".

Bien que les termes n'aient pas été employés par les voyants, ceux de ciel, enfer, purgatoire, on reconnaît facilement ce qu'enseigne la théologie catholique sur l'Au-dela de la mort corporelle.

Le temps fort d'apparitions significatives s'est terminé pratiquement **avec l'année 1983**. La durée des apparitions de Kibeho dans le temps a été remarquablement longue (surtout en considération des précédentes manifestations de la Vierge Marie au 19° et 20° siècle, ndlr) ; beaucoup de paroles ont été dites, et bien des faits mystérieux se sont passés au fil des années.

Ce qui suit est extrait de la déclaration de Mgr Augustin MISAGO, évêque de GIKONGORO, portant jugement définitif sur les faits dits "Apparitions de KIBEHO", **en date du 29 juin 2001 :**

Le contenu du message de Kibeho

Les apparitions de Kibeho ont été nombreuses ; on y discerne facilement de nombreux points communs. Nous nous limiterons ici à un bref aperçu. En gros, ce message pourrait se ramener aux thèmes suivants :

1/ **Un urgent appel au repentir et à la conversion des cœurs** :" Repentez-vous, repentez-vous, repentez-vous !" " Convertissez-vous pendant qu'il est encore temps ! ".

2/ **Un diagnostic de l'état actuel du monde** : " Le monde se porte très mal " " Le monde court à sa perte, il va tomber dans un gouffre, c'est-à-dire être plongé dans des malheurs innombrables et incessants"
" Le monde est en rébellion contre Dieu, trop de péchés s'y commettent ; il n'y a pas d'amour ni de paix ".
" Si vous ne vous repentez pas et ne convertissez pas vos cœurs, vous allez tous tomber dans un gouffre ".

3/ **La profonde tristesse de la Vierge Marie** : les voyantes disent l'avoir vu pleurer le 15 août 1982. La Mère du Verbe est fort affligée à cause de l'incrédulité et ce l'impénitence des hommes. Elle se plaint de notre mauvaise conduite, caractérisée par une dissolution des mœurs, une complaisance dans le mal, une désobéissance continuelle aux commandements de Dieu.

4/ " **La foi et l'incroyance viendront sans qu'on s'en aperçoive** ". C'est une des paroles mystérieuses dites plus d'une fois par la Vierge à Alphonsine dans les débuts des apparitions, avec demande de la répéter aux hommes.

5/ **La souffrance salvifique** : ce thème est un des plus importants dans l'histoire des apparitions, surtout chez Nathalie. Pour un chrétien, la souffrance, par ailleurs inévitable dans la vie d'ici-bas, est un chemin obligé pour parvenir à la gloire céleste : " Personne n'arrive au ciel sans souffrir " " L'enfant de Marie ne se sépare pas de la souffrance ". Mais la souffrance est aussi un moyen d'expier pour le péché du monde et de participer aux souffrances de Jésus et de Marie pour le salut du monde. Kibeho est ainsi un rappel de la place de la Croix dans la vie du chrétien et de l'Église.

6/ Priez sans cesse et sans hypocrisie : les hommes ne prient plus ; et parmi ceux qui prient, beaucoup ne prient pas comme il faut. La Vierge demande aux voyants de prier beaucoup pour le monde, d'apprendre aux autres à prier, et à prier à la place de ceux qui ne prient pas.

7/ La dévotion envers Marie, concrétisée par une récitation régulière et sincère du chapelet.

8/ Le chapelet des Sept Douleurs de la Vierge Marie : la Vierge aime ce chapelet, connu autrefois mais qui est tombé dans l'oubli. Elle désire qu'il soit remis en honneur et répandu dans l'Église . Mais ce chapelet des Douleurs ne supplante pas le Saint Rosaire.

9/ La Vierge désire qu'on lui construise une chapelle en ce lieu.

10/ La Vierge dit à Alphonsine le 15 août et le 28 novembre 1983 : " **Priez sans relâche pour l'Église,** car de grandes tribulations l'attendent dans les temps qui viennent.

Des fruits spirituels

Quand on parle d'apparitions et de révélations privées, il faut se demander sérieusement si elles portent **des fruits et de bons fruits**. C'est un des critères décisifs. On reconnaît l'arbre à ses fruits : Mt 7,15 ; Lc 6,43. En 1985, la Commission théologique entreprenait un travail d'enquête auprès des paroisses, des communautés religieuses, et des écoles secondaires et supérieures du pays, en vue de **recueillir les échos des événements de Kibeho dans les communautés chrétiennes**. Il ressort de cette enquête que ces événements ont promu de réelles conversions à tous niveaux et un renouveau spirituel indéniable, dont un des signes visibles est un essor surprenant de vocations au sacerdoce et à la vie religieuse : " *On ne va pas à Kibeho uniquement pour voir ce qui va s'y passer, mais on s'y rend aussi pour prier* " (Mgr J.B. Gahamanyi).

L'existence des fruits spirituels qui se sont épanouis dans la chrétienté rwandaise grâce à ces événements est constatable même après les événements **de guerre civile et de génocide** qui ont marqué les années 94-95. On ne peut s'empêcher de penser que les grands malheurs qui se sont abattus sur le Rwanda et les pays limitrophes, **ont l'air d'avoir été prédis à Kibeho** pendant les apparitions. Les horreurs de la guerre, voire même le génocide, que nous déplorons aujourd'hui, ne sauraient être un argument suffisant **contre la crédibilité des apparitions de Kibeho**.

Aujourd'hui encore, le message de Kibeho reste d'actualité et touche des cœurs. Des groupes de prière continuent à naître spontanément et à s'épanouir un peu partout. Le Chapelet des Sept douleurs est largement connu et prié par bien des chrétiens. Au sanctuaire de Kibeho, l'adoration perpétuelle du Saint-Sacrement fait partie des exercices de piété instaurés depuis la fin de la guerre.

Déclaration de Mgr Augustin Misago (29 juin 2001) : en ma qualité d'ordinaire du lieu, je déclare ce qui suit :

Oui, la Vierge Marie est apparue à Kibeho dans la journée du 28 novembre 1981 et au cours des mois qui ont suivi. Il ya plus de bonnes raisons d'y croire que de le nier. A cet égard, seules les trois voyantes du début méritent d'être reconnues comme authentiques : il s'agit de Alphonsine Mumureke, Nathalie Mukamazimpaka, et Marie-Claire Mukangango. La Vierge s'est manifestée à elles sous le vocable de "Nyina wa Jambo", c'est-à-dire, **"Mère du Verbe":** ce qui est synonyme de "Mère de Dieu", comme elle l'a expliqué. Ces voyantes de Marie disent la voir tantôt les mains jointes, tantôt les bras étendus.

Dans le cas des trois voyantes retenus, qui sont finalement à l'origine de la célébrité de Kibeho, il n'y a rien qui a été dit ou fait par elles pendant les apparitions qui soient contraires à la foi ou à la morale chrétienne . Leur message rejoint avec satisfaction les Saintes Écritures et la Tradition vivante de l'Église.

Parmi les signes de crédibilité des apparitions, on peut mentionner, entre autres, des faits tels que :

- **la bonne santé mentale**, l'équilibre humain, la lucidité et la sincérité des voyantes attestés par les conclusions de la commission des médecins comprenant un psychiatre.
- le climat vraiment pieux et sincère dans lequel se sont déroulés ces événements.
- une absence de recherche du sensationnel chez les voyantes, ce qui peut signifier que les apparitions ne se produisaient pas de façon automatique et téléguidée.
- la non contradiction des voyantes quant aux messages et aux comportements.
- la réalité des extases qui n'ont rien de maladif ou d'hystérique, d'après les différents tests et examens effectués par les commissions.
- le naturel, la cohérence et la simplicité des dialogues avec l'Apparition.
- le fait que certaines paroles qui ont été dites manifestaient un niveau supérieur à la culture et à la formation religieuse des personnes qui les ont dites.
- le phénomène de "voyages mystiques" pour Alphonsine d'abord (le 20 mars 82), puis pour Nathalie ensuite (le 30 octobre 82).
- la journée du **15 août 1982** qui fut marquée notamment, contre toute

attente, par des visions effroyables, qui dans la suite se sont avérées **prophétiques** au vue des drames humains vécus au Rwanda et dans l'ensemble des pays de notre régions des Grands Lacs ces dernières années.

- le jeûne extraordinaire de Nathalie dans le carême 1983, rigoureusement surveillé par la commission médicale, dont les membres n'étaient pas tous des catholiques ni des catholiques pratiquants.

- mais surtout le message de Kibeho dont le contenu reste cohérent, pertinent et orthodoxe.

- les fruits spirituels déjà suscités pas ces événements à travers le pays et même à l'étranger.

Le Chapelet des Sept Douleurs de la Vierge Marie fait partie des dévotions mariales relativement anciennes dans l'Ordre des Servites de Marie. Il y eut un temps ou même au Rwanda ce chapelet était connu, amis uniquement dans un cercle de Sœurs Benebikira avant les années 1960. Il fut introduit par Mama Kamugisha, la première supérieure générale rwandaise de cette congrégation. Mais depuis la fin de son mandat, ce chapelet très mal connu et surtout très mal accepté par les sœurs, est tombé vite dans l'oubli. C'est la voyante Marie-Claire qui en parle de nouveau comme un message livré par la Vierge Marie à Kibeho. Jusqu'à présent, malgré de longues recherches qui ont été faites par les commissions ad hoc, il n'y a aucune preuve que Marie Claire connaissait déjà ce chapelet avant le début des apparitions. Ce chapelet mérite d'être répandu parmi les chrétiens, sans supplanter cependant le Saint Rosaire. Il s'agit d'un exercice de piété parmi bien d'autres admis dans l'Église.

La méditation des douleurs de la Vierge Marie est une pratique très ancienne dans la tradition chrétienne (Dictionnaire de spiritualité : colonnes 1686 à 1702). Parmi d'autres, on peut retenir les scènes évangéliques suivantes :

- Le vieillard Siméon annonce à Marie qu'un glaive de douleur transpercera son âme (Luc 2, 22-35)
- Marie et Joseph mal accueillis lors de leur venue à Bethléem (Luc 2,7).
- La naissance de Jésus dans l'étable (Luc 2,16).
- Le massacre des innocents et la fuite en Égypte. (Mt 2, 13-15).

- Jésus perdu à Jérusalem à l'âge de douze ans (Luc 2, 41-52)

- Marie suit Jésus dans sa Passion (Luc 23,27)
- Marie au pied le la Croix (Jn 19, 25-27)
- Jésus descendu de Croix est remis à sa Mère (Jn 19, 38-40)
- Jésus est mis au tombeau (Jn 19, 41-42)

LES APPARITIONS D'AMSTERDAM
Pays-Bas, 25 mars 1945 au 31 mai 1959

Le 31 mai 2002, Fête de la Visitation, l'évêque d'Amsterdam, Mgr Joseph Marianus Punt, a publié une déclaration attestant l'authenticité des apparitions de la Vierge Marie sous le vocable de **« Notre-Dame de tous les Peuples »,** à Ida Peerdeman. En 1996, l'évêque précédent, Mgr Bomers avait donné la permission pour la vénération publique. Depuis cette date, cette dévotion a reçu l'approbation de nombreux évêques et s'est répandue à travers le monde entier, principalement grâce à l'image et à la « prière ». Beaucoup d'expériences de guérisons ou de grâces ont été enregistrées. Après consultation de théologiens, psychologues et évêques, Mgr Punt déclare : **« Je suis arrivé à la conclusion que les apparitions de la Dame de tous les Peuples à Amsterdam sont d'origine surnaturelle. »** Une commission à été chargée d'enregistrer les témoignages et de recevoir les confirmations des grâces accordées…, en vue d'assurer et de promouvoir un développement correct de cette dévotion tant du point de vue ecclésial que théologique (3).

Ces 56 messages ont été donnés entre le **25 mars 1945 et le 31 mai 1959**. Les dates des messages sont variables ; leur nombre également : 4 à 5 messages par an en moyenne, sauf pour l'année 1951, 13 messages ; puis ils vont en diminuant jusqu'en 1959. On peu distinguer deux séries de messages : **du 25 mars 1945 au 16 novembre 1950** : la Vierge Marie qui semble bien au courant de la vie de l'Église et du monde donne de nombreuses « consignes » pour renouveler le contexte ecclésial du temps ; elle donne des avertissements à de nombreux pays du monde. Dans la deuxième série de messages, **du 16 novembre 1950 au 31 mai 1959**, la Vierge Marie se présente sous un titre nouveau **« la Dame de tous les Peuples »** ; une prière et une image sont données pour vivre ce nouveau vocable ; de plus, elle enseigne à la voyante de quelle manière elle est **Médiatrice, Avocate et Co-Rédemptrice** et les motifs de ces vocables pour permettre aux théologiens de comprendre ce qui doit être un nouveau dogme venant couronner les dogmes marials précédents. En une époque assez allergique à tout dogmatisme, cette demande peut déconcerter ! La Vierge Marie ne cache pas que ce projet rencontrera bien des oppositions mais qu'il se réalisera.

Par ailleurs, on rencontre dans ces messages une insistance particulière **sur la valeur de la Croix** : le monde ne regarde plus vers la Croix du Christ, il doit se tourner de nouveau vers elle. Les croyants doivent aussi être plus attentif **à l'action de l'Esprit-Saint** qui parle par l'Église de Rome et dans leurs cœurs. Si les peuples sont divisés, ils doivent chercher

une unité politique, notamment l'Europe, en se fondant sur une unité spirituelle plus réelle. Si les vertus morales dans la vie familiale et civique se perdent, la Dame rappelle les vertus nécessaires : **l'Amour, la Vérité, l'Équité, la Justice.**

La voyante, tout en participant d'une manière mystérieuse et ponctuelle à la souffrance de ce monde, n'est qu'un instrument. La Dame dit : **« Théologiens, le Fils pour son oeuvre, recherche ce qui est petit et simple. Croyez vous aussi à cette petitesse et à cette simplicité. »** (30° message)

La première série de messages : 1945 à 1950
L'Apparition du 25 mars 1945

Je vois quelqu'un debout à gauche, au dessus de moi. C'est une femme vêtue d'une longue robe blanche. Il me semble que c'est la Sainte Vierge. Elle me dit : *« Le trois signifie le mois de mars, le quatre le mois d'avril, le cinq le mois de mai. »* (notons que c'est le 5 mai que cessa la guerre en Hollande). En disant cela Elle lève successivement trois, puis quatre, puis cinq doigts. Elle montre le chapelet et dit : *« La prière doit être propagée »* Et me voici devant une multitude de gens ; ce sont des soldats dont beaucoup de soldats alliés. La Sainte Vierge me les montre. Puis elle saisit la petite croix de son chapelet et m'invite à regarder Jésus crucifié. C'est comme s'il me fallait comprendre que cette croix devait devenir le soutien de la vie de ces soldats, car la voix dit : *« Maintenant, ils retourneront bientôt chez eux ces soldats. »*

Je demande : « Êtes-vous Marie ? » Elle sourit et dit : *« On m'appellera la Dame, la Mère. »*

La vision s'efface. Je regarde dans ma main : une croix y est à ce moment déposée. Je dois la soulever : je la soulève lentement, elle est si lourde ! Puis tout à coup, tout a disparu (fin de l'apparition).

Dans les messages suivants, on trouve beaucoup de références aux papes et à l'Église de Rome, sur le rôle qu'elle doit jouer dans le monde, sur son évolution nécessaire :

Ces trois (papes) représentent toute une époque (il s'agit de Pie X, Pie XII et un futur pape). *Le Pape actuel et le nouveau sont des Lutteurs...***Au sein de l'Église, bien des choses devront changer.** *La formation des prêtres doit être modifiée...Une formation plus moderne, mieux adaptée à ce temps-ci, mais dans le bon sens, avec le bon Esprit...*

Des vues larges, plus sociales. Il faut en arriver là. Diverses tendances penchent vers la « socialisation ». C'est bien, mais à condition que ce soit fait sous la direction de l'Église…Beaucoup, beaucoup de choses à changer dans la formation.

Ceci est la Justice …il faut qu'on la retrouve, sinon le monde se perdra de nouveau.
Ceci est la Vérité, écoute bien…
La Dame me fait voir de grands changements à venir : C'est bien, mais d'une manière plus spirituelle ; sincèrement dans **la Vérité, la Justice et l'Amour du prochain.**
Je lis le mot **: Encycliques**…Voilà le bon chemin

Mettez la foi dans votre vie, et aimez votre prochain. L'Amour demeure le premier des commandements. Après vient la Justice…Il faut que le peuple retourne à Dieu. Le peuple, lui, est mûr. Ce sont les dirigeants qui ne veulent pas.

La Dame semble très au courant des **problèmes sociaux, politiques et religieux** de notre temps et de la manière de les traiter d'une manière chrétienne :
Que les évêques agissent donc ! Qu'ils commandent à leurs prêtres de se tourner en priorité vers la jeunesse afin de la préserver de l'humanisme, ce paganisme moderne…
Je parle assez clairement. Insistez davantage sur les droits sociaux, sur la Justice, l'Amour du prochain. Mais, non pas seulement des paroles, des actes ! Seuls les actes peuvent les mener vers la lumière que je vous ai montrée…

Europe, prends garde ! Unissez-vous dans le bien. Ce qui se livre n'est pas une simple lutte économique. **Il y va de la corruption de l'esprit.** Que cela soit compris d'en haut. C'est du haut que doit venir l'exemple, mais hélas du clergé aussi. Ils doivent descendre jusqu'au moindre des Miens…
Je viens de parler du monde moderne. Pourquoi Rome ne recourt-elle pas davantage à des **moyens modernes ?** Pourquoi ne travaillent-ils pas **d'une manière plus moderne ?** Qu'ils se saisissent donc de ces moyens pour renouveler l'esprit du monde. D'autres s'occuperont des corps. L'Église, elle, doit travailler pour l'esprit. Et voilà, justement parce que l'humanité est en pleine recherche, voilà qu'une grande chance est offerte à l'Église…Ce qui se déroule en ce moment est une **guerre idéologique.** Il ne s'agit plus d'un conflit entre peuples et races, mais **d'un combat « en esprit ».**

La Dame revient souvent à la Croix : **Que tous reviennent à la Croix ;** alors seulement, il pourra y avoir la paix et la tranquillité…Tu vois cette Croix, c'est vers elle, de nouveau, qu'il faut conduire les hommes. Je te le demande *instamment : que les hommes, dans ce monde moderne, avec sa technique moderne, n'oublient pas cette simple Croix.*

La Dame parle des situations politiques et religieuses de plusieurs peuples : France, Belgique, Italie, Angleterre, Allemagne, Amérique, Afrique... Elle est au courant de la division de l'Europe en deux par les accords de Yalta, de la guerre de Corée, de l'instauration de la « guerre froide » entre l'URSS et les Etats-Unis, des conflits répétés de la Terre Sainte.

La Dame s'adresse aux femmes : *« Savez-vous quels sont encore vos devoirs ? Écoutez ceci : tant vaut la femme, tant vaut l'homme. Vous femmes, donnez l'exemple. Revenez à votre condition d'être femme...Savez-vous ce que cela signifie que d'être femme ? Cela* **signifie se sacrifier** *; rejetez donc tout votre égoïsme et toute votre vanité.*

Et aux hommes : *« Et vous hommes, j'ai une question à vous poser : où sont les soldats du Christ ? C'est tout ce que j'ai à vous dire... Hommes, c'est de vous que doit venir la force et la volonté de conduire le monde vers le seul Souverain de ce monde, le Seigneur Jésus-Christ.*

En ce qui concerne « l'écho » qu'ont pu avoir ces messages, notamment à Rome, on peut noter la création par Pie XII de l'émetteur **« Radio-Vatican »** : le matériel le plus sophistiqué, une équipe de travail nombreuse et internationale, des émissions régulières en une vingtaine de langues, une puissance d'émission permettant d'atteindre les points les reculés de la planète. Pendant 50 ans, les minorités opprimées par des régimes totalitaires, notamment en URSS, en Chine, en Afrique et dans bien d'autres pays, ont trouvé réconfort et espérance dans les émissions de Radio-Vatican. Et ce n'est pas fini. Ce même pape a introduit la réforme liturgique, écrit de magnifiques lettres-encycliques, entrepris la réforme des séminaires.

Il revient aux Papes Jean XXIII et Paul VI d'avoir entrepris le travail gigantesque du **Concile Vatican II** qui s'est tenu à Rome de 1962 à 1965 : « l'aggiornamento » de l'Église a été conduit par les quelques 2.500 évêques, cardinaux et patriarches de l'Église catholique aidés par de nombreux experts et observateurs.

On connaît mieux le travail de titan réalisé par **le Pape Jean-Paul II** depuis son élection en 1978 : 13 encycliques, 9 exhortations post-synodales, 9 constitutions apostoliques, 36 lettres apostoliques, une centaine de voyages apostoliques dans le monde entier, la réforme de très nombreuses institutions ecclésiales, des liens diplomatiques établis avec près de 120 pays du monde.

Aucun être humain dans l'histoire du monde n'a jamais parlé à autant de gens dans des contextes culturels et religieux si variés ; aucun n'a rassemblé des foules chiffrées à plusieurs millions : quatre millions aux Philippines en 1994, huit millions au Mexique en juillet 2002, trois millions en Pologne en août 2002.

Il faudrait parler aussi de la tenue régulière des synodes épiscopaux, de la création des Journées Mondiales de la Jeunesse, de la promulgation du nouveau code de droit canonique et du Catéchisme de l'Église Catholique.

La deuxième série de messages : 1951 à 1959

Déjà dans l'apparition du 16 novembre 1950, la Vierge Marie avait dit : « *Mon enfant, je suis debout sur le globe (terrestre)* **parce que je veux être appelée la Dame de tous les Peuples . »**

C'est dans les apparitions du 11 février et du 4 mars 1951 que la Vierge Marie précisera sa pensée : « *Je suis la Dame, Marie, Mère de tous les Peuples. Tu peux dire : La Dame de tous les Peuples ou : La Mère de tous les peuples, qui fut un jour Marie. Je viens aujourd'hui, en ce jour précis* (11 février, fête de Notre-Dame de Lourdes), *pour te dire que je veux être cela. Un jour viendra où les hommes de tous les pays seront unis. Ils ne formeront qu'un.*

Écoute bien mon enfant. Déjà des changements sont survenus. D'autres sont à l'étude. Mais Moi, je veux apporter le Message du Fils. La doctrine est bonne, mais les lois peuvent et doivent être changées. Je te dis cela aujourd'hui, car le monde est en proie à une grande confusion. On ne sait plus de quel côté se tourner. C'est pourquoi le Fils me charge de ce message.

Que tous reviennent à la Croix ; alors seulement, il pourra y avoir la paix et la tranquillité.

Répète après moi cette prière devant la Croix :
**Seigneur Jésus-Christ, Fils du Père,
Envoie à présent ton Esprit sur la terre
Fais habiter l'Esprit-Saint dans les cœurs de tous les Peuples
Afin qu'ils soient préservés de la corruption, des calamités et de la guerre.
Que la Dame de tous les Peuples, qui fut un jour Marie, soit notre Avocate. Amen.**

Mon enfant ,cette prière est si simple et si courte que chacun, en sa propre langue, peut la réciter devant sa propre Croix. Et que celui qui ne dispose pas d'un crucifix la récite dans son for intérieur. Tel est le Message que j'apporte en ce jour : c'est maintenant que je viens dire que je veux sauver les âmes. Que tous collaborent à cette grande Œuvre du monde. Ah ! Si chaque homme voulait, pour lui-même, essayer d'imiter cela : surtout en ce qui concerne le premier et principal Commandement, l'Amour.

Les petits de ce monde diront alors : « Que pouvons-nous changer, nous autres, puisque tout cela nous est imposé par les grands ? » Aux petits, je réponds : « Si vous réalisez l'Amour dans les petites choses parmi vous, les grands n'auront plus aucune prise sur vous. Recourez à votre crucifix, dites la prière que je vous ai enseignée, et le Fils vous exaucera. »

Méfiez-vous des faux prophètes. Cherchez et demandez le véritable Saint-Esprit, et Lui seul. Ce qui se déroule en ce moment est **une guerre idéologique**. Il ne s'agit plus d'un conflit contre peuples et races, **mais d'un combat pour l'esprit**. Comprends-le bien !

Ce temps-ci est notre temps. Toi, mon enfant, tu es uniquement l'instrument chargé de transmettre ces choses. Tu les feras connaître. Oui, il y a des preuves suffisantes. J'en ai aujourd'hui, donné de nouvelles par les paroles. Dis que je veux être **« La Dame de trous les peuples .»**

Tu feras faire cette image. Tu la propageras en même temps que la Prière que je t'ai donnée. Tel est, aujourd'hui, mon désir. **Que la prière soit traduite en de nombreuses langues . C'est la réponse pour ton Père spirituel.**

*Au sujet du **dogme nouveau** dont la Vierge Marie demande la proclamation, elle s'exprime ainsi :*

Écoute et comprends. Je t'explique. Je répète. Le Fils vint dans le monde comme Rédempteur des hommes. Et l'œuvre de la Rédemption, c'était la Croix. Il était envoyé par le Père. Maintenant le Père et le Fils « veut » envoyer la Dame, l'envoyer à travers le monde entier. Car c'est Elle, aussi, qui jadis a précédé le Fils ; c'est Elle qui l'a suivi. C'est pourquoi maintenant, je suis debout sur le monde – le globe- et la Croix y est solidement fixée et plantée. Maintenant **la Dame vient et se tient devant la Croix**, comme la Mère du Fils, la Mère qui avec Lui, a accompli l'œuvre de la Rédemption.

L'Image exprime tout cela fort clairement. C'est pourquoi, dès maintenant, il faut la porter au monde, car le monde a de nouveau besoin de la Croix. Et la dame est debout devant la Croix en qualité de **Co-Rédemptrice et de Médiatrice**. Bien des controverses s'élèveront à ce sujet. Il ne faut pas que l'Église de Rome craigne de s'engager dans ce débat. Cela ne pourra que la rendre plus forte et plus puissante. Je le dis pour les théologiens. Je leur dis en outre : « Prenez cette affaire au sérieux » Je le répète : « Le Fils pour son œuvre , choisit toujours ce qui est petit et simple. »

Répète donc après moi : « Le Dogme nouveau sera le Dogme de la Co-

Rédemptrice »

J'insiste sur « Co »

Les douleurs du Fils, tant spirituelles que corporelles, la Mère les a endurées avec Lui. Elle a toujours précédé. Quand le Père l'eut choisie, Elle était déjà la Co-Rédemptrice, associée au Rédempteur, l'Homme-Dieu qui vint dans le monde.

J'ai déjà dit combien ce dogme susciterait des oppositions. Toutefois, l'Église de Rome, qui aura beaucoup à lutter pour cela, le promulguera enfin. L'Église de Rome saura faire face aux résistances. L'Église de Rome croîtra en force et en puissance dans la mesure même où elle affrontera ces résistances. Ce que je désire et ce que j'attends de toi, n'est rien d'autre que de pousser l'Église et les théologiens à s'engager dans cette lutte.

Car la Dame fut choisie pour donner le Rédempteur au monde. Maintenant, le Père, le Fils et le Saint-Esprit « veut » qu'Elle revienne en ce monde en qualité de Co-Rédemptrice et de Médiatrice.

J'ai dit : « Ce temps-ci est notre Temps. » En voici le sens : le monde est en état de corruption ; il devient de plus en plus superficiel ; il ne sait plus de quel côté se tourner. C'est à cause de cela que le Père m'envoie en qualité d'Avocate pour annoncer que le Saint-Esprit va venir.

Le monde ne se sauvera pas par la violence, le monde sera sauvé par l'Esprit. Ce sont surtout des idées qui gouvernent le monde. Eh bien donc, Église de Rome, sache où est ton devoir. Répands tes idées, apporte à nouveau le Christ.

Le nouveau dogme une fois promulgué sera le dernier dogme marial : la Dame de tous les Peuples Co-Rédemptrice, Médiatrice et Avocate.

Quand le Dogme, le dernier dogme de l'histoire Marial, aura été promulgué, alors la Dame de tous les Peuples donnera la Paix au monde, la vraie Paix. Mais avant cela, il faut que les peuples, en union avec l'Église récitent ma prière.

Le Concile Vatican II a-t-il répondu à l'Appel de Marie ?

Dans la Constitution Dogmatique sur l'Église **« Lumen Gentium »**, *tout le Chapitre VIII est consacré à la Vierge Marie : « La Bienheureuse Vierge Marie, Mère de Dieu, dans le Mystère du Christ et de l'Église ». Nous pouvons trouver dans ces 18 paragraphes une très belle catéchèse biblique et théologique sur Marie développée comme suit :*

Le rôle de la Bienheureuse Vierge Marie dans l'Économie du Salut.

La Bienheureuse Vierge Marie et l'Église.

Le culte de la Vierge Marie dans l'Église.

Marie, signe d'espérance assurée et de consolation pour le Peuple de Dieu en pèlerinage sur la terre.

On peut lire :

« Ainsi la Bienheureuse Vierge avança dans son pèlerinage de foi, gardant fidèlement l'union avec son Fils jusqu'à la Croix où, non sans un dessein divin, elle était debout, souffrant cruellement avec son Fils Unique, **associée d'un cœur maternel à son sacrifice**, donnant à l'immolation de la victime, née de sa chair, le consentement de son amour, pour être enfin, par le même Christ Jésus mourant sur la Croix, donnée comme sa Mère au disciple par ces mots :'Femme, voici ton Fils »
(n° 58)

La Bienheureuse Vierge…la Vénérable Mère du divin Rédempteur, fut sur la terre…**généreusement associée à son œuvre à un titre absolument unique…(n° 61).**

Comme l'explique lumineusement le Père Marie-Joseph Nicolas, dominicain, Marie est **« l'associée »** du Père dans le Mystère de l'Incarnation, l'associée de son Fils Jésus dans le mystère de la Rédemption et dans l'œuvre de grâce du Christ Ressuscité (« Marie, Mère du Sauveur » Le Mystère chrétien Desclée).

Le Concile continue en disant : « Après son Assomption au ciel, son rôle dans le salut ne s'interrompt pas : par son intercession répétée, elle continue à nous offrir les dons qui assurent notre salut éternel. Son amour maternel la rend attentive aux frères de son Fils dont le pèlerinage n'est pas achevé, ou qui se trouvent engagés dans les périls et les épreuves, jusqu'à ce qu'ils parviennent à la patrie bienheureuse. C'est pourquoi la Bienheureuse Vierge est invoquée dans l'Église sous les titres **d'Avocate, d'Auxiliatrice, de Secourable, de Médiatrice**, tout cela cependant entendu de telle sorte que nulle dérogation, nulle addition n'en résulte quant à la dignité et à l'efficacité de l'unique Médiateur le Christ (n° 62).

On constate que les Pères du Concile Vatican II ont voulu employer explicitement pour qualifier la Vierge Marie les vocables **d'Avocate et de Médiatrice**. Ils n'ont pas employé le terme de Co-Rédemptrice. Cependant, ce vocable pourrait être facilement déduit de la théologie de chapitre VIII de la Constitution sur l'Église **: Marie associée à un titre spécifique et unique à son Fils pour coopérer au salut du monde.**

Cependant, nous comprenons que dans les messages d'Amsterdam, la Vierge Marie demande une définition et une proclamation faites **solennellement** par le Souverain Pontife. Cette proclamation n'a pas encore été faite.

Quelques autres recommandations de la Vierge Marie

Dans ces messages, on peut glaner consignes et avertissements divers donnés sans ordre logique au fil des apparitions. Nous avons retenu ceux-ci :

Les hommes s'obstinent à ne point voir la gravité de la situation mondiale. Ils sont devenus si superficiels qu'ils ne peuvent comprendre combien cet état de choses est néfaste pour la Foi.

Mon enfant, insiste donc pour que toutes ces choses soient réalisées. Il ne sied pas de tergiverser, il faut agir, car l'heure est beaucoup trop grave pour cela. Personne ne peut savoir à quel point elle est grave.

L'Église, Rome, a maintenant sa chance. Tous les chrétiens de ce temps-ci sont responsables devant la postérité. Dis au Pape que c'est bien. La Dame de tous les Peuples l'assistera, telle est la volonté de son Seigneur et Maître. Le Pape mènera tout à bonne fin. **Ce Pape est le Lutteur**. Il est le Saint-Père des chrétiens du présent et de l'avenir. Les peuples de l'avenir l'honoreront. Il sera élevé auprès des nôtres.

Aux chrétiens, je lance cet avertissement : « Mais prenez donc conscience de **la gravité de ce temps**. Travaillez la main dans la main, dressez la Croix au beau milieu du monde. Vous êtes tous responsables de la tâche qui vous incombe en ce temps. Ne déviez pas, ne vous laissez pas entraîner par le mauvais esprit. Priez chaque jour que le Seigneur Jésus, Fils du Père, envoie le Saint-Esprit en ce monde. Et la Dame de tous les peuples, qui fut un jour Marie, sera votre Avocate. Les puissances de l'enfer vont se déchaîner. Elles ne vaincront pas la Dame de tous les Peuples.

Le Pape de Rome a une tâche plus écrasante que n'était celle de tous ceux qui l'ont précédé. Vous autres, hommes, aidez le Saint Père ! Faites ce dont il vous donne l'exemple !

Réglez-vous sur ses encycliques. Que le monde se conforme à leur enseignement et l'esprit d'illusion, de mensonge et de tromperie n'aura plus de prise sur lui. **Allez au Miracle quotidien, au Sacrifice de chaque jour (l'Eucharistie)**

A de nombreuses reprises, la Dame met en garde contre les « **faux prophètes** » et contre **les idéologies d'erreur et de mensonge** : athéisme, humanisme sans Dieu, communisme. Une vision semble importante, celle du 30 août 1947 :

« *Je suis alors comme transportée en un vaste appartement du Vatican. Le Pape est assis. Il semble que quelque chose ici se trame. Des séances secrètes se tiennent au Vatican. A maintes reprises des hommes se réunissent en secret et je crois comprendre qu'un délégué américain y assiste. Le pape est tenu au courant de ces complots et il sait pertinemment*

*quelle en sera la suite. Devant lui de nombreux papiers. Une apparente, une fallacieuse paix règne sur le monde, mais en réalité, tout est camouflage .»
Plusieurs fois, la Dame parle d'un **mauvais esprit** (« l'Esprit du Triangle ») qui, tel un « **serpent** » s'insinue aussi bien dans le monde que dans l'Église : il est probable qu'il s'agit de la Franc-Maçonnerie, qui est une « contre-Église », et qui sous les dehors d'un humanisme ouvert et fraternel, a toujours travaillé depuis trois siècles contre l'ordre naturel et chrétien : toutes les lois contraires à cet ordre chrétien qui ont été votées en Europe depuis plus d'un siècle, ont été d'abord élaborées dans les Loges (1) : « Peuples, soyez avertis. Beaucoup se laissent séduire par l'esprit d'erreur, de mensonge et de tromperie. »*

Pour conclure, terminons sur une note d'espérance : « Il y aura de grands changements en Russie…le Japon se convertira ainsi que la Chine… **Ma prophétie " Tous les Peuples me diront Bienheureuse" sera tout entière accomplie quand le Dogme sera proclamé . »**

On pourra lire avec profit : « Du secret des Loges à la lumière du Christ », Maurice Caillet, Editions l'Icône de Marie : le témoignage d'un athée, franc-maçon, vénérable du Grand Orient, qui découvre la lumière dans l'Église Catholique.
« Les enseignements des Papes sur la Franc-maçonnerie de 1717 à nos jours »
Pierre Téqui, éditeur

LES ÉVÈNEMENTS D'AKITA
Japon, 1973 à 1981

Avant de parler des événements d'AKITA, il faut dire quelques mots de celle qui est au centre de ces événements : **Sœur Agnès Katsuko Sasagawa**. Née prématurément, elle a toujours été de constitution fragile. A 19 ans, elle connut la première grande épreuve de sa vie quand, frappée de paralysie du système nerveux central par suite d'une mauvaise opération, elle fut immobilisée seize années durant par cette maladie. C'est au cours de ses nombreux séjours à l'hôpital qu'elle rencontra le Christ et fit ses premiers pas dans la foi chrétienne. Peu après, elle perçut un appel à se donner tout à fait au service de Dieu et du prochain. Elle dut surmonter les réticences de sa famille, et fut admise d'abord chez les sœurs de Notre-Dame à Nagasaki puis à **l'Institut des Servantes de l'Eucharistie**. Elle y entra sur le conseil de Mgr ITO, évêque du diocèse et fondateur de cet institut. En même temps elle assurait la garde de l'église de Myoko où elle enseignait aussi le catéchisme (4).

Vers la fin de l'année **1973**, Sœur Agnès commença à sentir une régression de l'ouïe des deux oreilles. Le 16 mars au matin, alors qu'elle allait répondre à un appel téléphonique, elle s'aperçut qu'elle avait perdu subitement toute capacité auditive. Examinée à l'hôpital, le diagnostic fait alors état d'une surdité évolutive et inguérissable. Avec beaucoup de courage, malgré une grande fatigue, Sœur Agnès fait l'apprentissage de la lecture sur les lèvres : son cas est jugé **irréversible** et on lui octroie une allocation d'handicapée à vie. On peut noter que le 16 mars est la veille du jour où l'Église catholique du Japon commémore la découverte, en 1865, des descendants des **"chrétiens cachés"** (depuis le 17° siècle à cause des persécutions) sur le site d'Oura à Nagasaki. Au missionnaire français arrivé peu après la réouverture du pays, ils s'étaient fait reconnaître en lui posant trois questions : "Es-tu célibataire ?" "Es-tu en communion avec l'évêque de Rome ?" **"As-tu apporté une statue de la Vierge Marie ?"** ; ayant répondu positivement, le jeune missionnaire fut aussitôt admis par ces chrétiens qui avaient conservé le baptême et l'Évangile depuis deux siècles sans l'assistance d'aucun prêtre !

Rappelons que c'est le **15 août 1549**, en la fête de l'Assomption, que Saint François Xavier, messager de la Bonne Nouvelle de l'Évangile, débarqua au Japon pour la première fois au port de Kagoshima. L'évangélisation du Japon était ainsi placé sous le signe de la Vierge Marie. C'est en **1624** que la persécution des chrétiens d'Akita commença : le seigneur du pays se vanta alors d'avoir fait brûler trente-deux chrétiens, vingt et un hommes et onze femmes. Plus tard en ce sont les martyrs de

Nagasaki :

La deuxième évangélisation du Japon débuta avec l'arrivée du Père Faucade, des Missions Etrangères de Paris, en **1844**. Dès son arrivée, il consacra le Japon au Cœur Immaculé de Marie. Peu après, le Japon mit un terme à sa politique de fermeture du pays et du même coup prirent fin les persécutions contre les chrétiens. Après le désastre d'Hiroshima et de de Nagasaki, la capitulation du Japon fut signée le **15 août 1945** ; d'un commun accord, l'Assemblée des Évêques Japonais décida de consacrer la nation au **Cœur Immaculé de Marie**. Cet ensemble de faits providentiels nous permet de comprendre les liens étroits qui unissent le Japon à la Mère de Dieu.

Après bien des obstacles, Sœur Agnès fut acceptée dans la maison des Sœurs Servantes qui se trouve sur une colline un peu à l'écart de Nagasaki. Peu après son arrivée, cette humble maison (elles étaient seulement quatre religieuses), fut le lieu de manifestations étranges. **Le 12 juin 1973**, alors qu'elle se trouve seule à la chapelle, elle rapporte :

" Lorsque je me suis approchée pour ouvrir la porte du tabernacle, comme me l'avait indiqué la Supérieure, une lumière éblouissante et inconnue en jaillit tout à coup. Saisie d'émotion, je me suis prosternée aussitôt face contre terre. Évidemment je ne me sentais plus l'audace d'ouvrir le tabernacle. Je suis restée peut-être une heure dans cette position. Subjuguée par une puissance qui me dépassait, je suis restée immobile, incapable de relever la tête, même après la disparition de la lumière. Quand je repris mes esprits et que j'ai pu enfin réfléchir à ce qui m'était arrivé, je me suis demandé si Jésus, présent dans l'hostie, s'était manifesté pour éclairer mon âme en état de péché, ou si j'étais tout simplement victime d'une hallucination".

Le phénomène va se reproduire trois fois de suite, sans que ses compagnes s'en rendent compte. Sœur Agnès a la certitude que ce n'est ni une illusion ni un rêve. Ces expériences vont laisser en elle une impression très forte et un souvenir indélébile. Ses pas la conduisait alors spontanément vers la chapelle et son cœur débordait de louange pour Jésus Eucharistie. Le souvenir du phénomène mystérieux ravivait en elle un sentiment de bonheur inexprimable, une plénitude de joie qui enflammait son cœur ; elle s'exprime ainsi : "Au moment où j'écris ces lignes, c'est la même joie qui m'étreint, un désir ardent du Seigneur envahit tout mon être".

Au mois de juin suivant, le jour de **la fête du Saint Sacrement**, la lumière réapparaît et Sœur Agnès perçoit qu'une multitude d'êtres semblables à des anges entouraient l'autel en adoration. L'évêque étant présent ce jour-là, la sœur va lui rapporter ce qui lui est arrivé depuis trois mois. L'évêque lui conseille de ne pas se troubler :"Ce que tu me racontes là ne me paraît pas venir d'un dérangement de l'esprit et tu n'as pas à t'en inquiéter ; de tels phénomènes peuvent arriver".

Le vendredi suivant, 29 juin, était **la fête du Sacré-Cœur**. La messe fut célébrée par Mgr Ito qui prêcha sur la dévotion à l'Eucharistie. Pendant l'adoration qu'elle assure dans la matinée, Sœur Agnès fera état de la visite d'une étrange "personne" qui priera avec elle la prière des Servantes de l'Eucharistie : "Ô Jésus qui êtes réellement présent dans l'Eucharistie...". Elle se rappelle alors que c'est la même "personne" qui l'avait visitée quand elle se trouvait à l'hôpital et lui avait enseigné une courte prière à dire à la fin de chaque dizaine du chapelet ; plus tard, elle avait découvert que cette prière était celle-là même enseignée par la Vierge aux enfants de Fatima : **"Ô mon Jésus, pardonnez-nous nos péchés...".** Ayant rapporté ces faits à son évêque, celui-ci lui fait comprendre que cette "personne" est probablement son **ange gardien.** Ce discernement fut confirmé quelques temps après : la "personne" en question lui dit avec un sourire plein de douceur :**"Je suis celui qui est avec toi et qui veille sur toi".** On peut noter que lors des manifestations de Fatima, un ange apparut plusieurs fois aux petits bergers, leur enseigna des prières et les prépara à la visite de la Vierge Marie.

Le premier message de la Vierge Marie

Quelques semaines plus tard, au cours du mois de juin 1973, alors qu'elle est en prière à la chapelle devant la statue en bois de la Vierge Marie, Sœur Agnès a une première manifestation de Marie. Elle écrit dans son Journal : "J'ai senti soudain que la statue de bois prenait vie et qu'elle était sur le point de m'adresser la parole. J'ai regardé : elle était baignée d'une lumière éblouissante. Instinctivement, je me suis prosternée à terre et au même moment une voix d'une beauté indescriptible a frappé mes oreilles totalement sourdes :

"Ma fille, ma novice, tu m'as bien obéi en abandonnant tout pour me suivre. L'infirmité de tes oreilles est-elle pénible ? Elles guériront, sois-en sûre. Sois patiente. C'est la dernière épreuve. La blessure de ta main te fait-elle mal ? Prie en réparation des péchés de l'humanité. Chaque personne de cette communauté est ma fille irremplaçable. Dis-tu bien la Prière des Servantes de l'Eucharistie ? Allons, prions ensemble".

La Vierge Marie va ensuite prier avec elle la Prière de la communauté :

"Ô Jésus qui êtes réellement présent dans l'Eucharistie, je joins mon cœur à votre Cœur adorable immolé en perpétuel sacrifice sur tous les autels du monde, dans la louange du Père, implorant la venue de votre règne, et je vous fais l'oblation totale de mon corps et de mon âme. Daignez agréer cette humble offrande comme il vous plaira, pour la gloire de Dieu et le salut des âmes. Sainte Mère du ciel, ne permettez pas que je sois séparée de votre Divin Fils et gardez-moi toujours comme votre propriété. Amen".

Quand la prière fut terminée la voix reprit :

"Prie beaucoup pour le Pape, les Évêques et les prêtres. Depuis ton baptême, tu as toujours prié fidèlement pour eux. Continue de prier beaucoup, beaucoup. Transmets à ton Supérieur ce qui s'est passé aujourd'hui et obéis-lui dans tout ce qu'il te dira. Présentement, il demande qu'on prie avec ferveur".

A propos de la voix de la Vierge Marie, Sœur Agnès s'exprime ainsi : "C'est une voix jamais entendue et qui ne peut certainement pas venir de ce monde". Et comparée à celle l'Ange ? "Les deux voix sont belles, mais celle de Marie a quelque chose de plus divin. On peut dire que la voix de l'Ange ressemble à un chant et que celle de Marie est une prière". Remarquons au passage que les oreilles de la sœur étaient totalement sourdes quand elles ont reçu clairement les paroles de l'Ange et de Marie dont elle tente de nous décrire la beauté.

Le deuxième message de la Vierge Marie

Le 3 août 73, Sœur Agnès commence son temps de prière à la chapelle. Son Ange se manifeste et prie le chapelet avec elle. Puis elle entend la voix de Marie qui lui dit :"Ma fille, ma novice, aimes-tu le Seigneur ? Si tu aimes le Seigneur, écoute ce que j'ai à te dire. C'est très important. Tu le transmettra à ton Supérieur.

Beaucoup d'hommes en ce monde affligent le Seigneur. Je souhaite des âmes pour le consoler. Pour adoucir la colère du Père Céleste, je souhaite avec mon Fils, des âmes qui réparent, par leur souffrance et leur pauvreté, pour les pécheurs et les ingrats.

Pour faire connaître au monde sa colère, le Père Céleste s'apprête à infliger un grand châtiment à l'humanité entière. Avec mon Fils, je suis intervenue tant de fois pour apaiser le courroux du Père. J'ai empêché la venue de calamités en lui offrant les souffrances du Fils sur la Croix, son Précieux Sang, les âmes bien-aimées qui le consolent et forment la cohorte des âmes-victimes. Prière, pénitence et sacrifices courageux peuvent adoucir la colère du Père. Je le désire aussi de ta communauté. Qu'elle aime la pauvreté, se sanctifie et prie en réparation des ingratitudes et des outrages de tant d'hommes. Récitez la prière des Servantes de l'Eucharistie en prenant bien conscience de son contenu ; mettez-la en pratique ; offrez en réparation des péchés. Que chacun s'efforce, selon ses capacités et sa position, de s'offrir entièrement au Seigneur.

Même dans un ordre séculier, la prière est nécessaire. Déjà, les âmes qui veulent prier sont en train d'être rassemblées. Sans trop vous attacher à la forme, soyez fidèles et ferventes à la prière pour consoler le Maître".

Après un silence : "Ce que tu penses dans ton cœur est-ce vrai ? Es-tu vraiment décidée à devenir la pierre rejetée ? Ma novice, toi qui veux être sans partage au Seigneur, pour devenir l'épouse digne de l'Époux, prononce tes vœux en sachant que tu dois être fixée sur la croix avec trois clous. Ces trois clous sont la pauvreté, la chasteté et l'obéissance. Des trois, l'obéissance est le fondement. Dans un total abandon, laisse-toi conduire par ton Supérieur. Il saura te comprendre et te diriger".

Sœur Agnès écrira dans son Journal : "C'était une voix **d'une beauté indéfinissable**, comme il ne peut y en avoir qu'au ciel. J'étais beaucoup trop impressionnée pour me préoccuper de savoir si j'entendais avec les oreilles du cœur ou avec mes oreilles sourdes, prosternée sans pouvoir faire le moindre mouvement. Bien plus, c'était tout mon corps qui était à l'écoute pour ne pas perdre une seule de ses paroles...Après que la voix au timbre céleste s'est tue, j'ai relevé le corps et suis resté un moment à prier, tant les échos sublimes continuaient de résonner en moi. Puis me souvenant qu'il fallait faire un rapport détaillé à Mgr Ito, j'ai rejoint ma cellule en hâte. Ouvrant le cahier dans lequel je consignais tous les événements survenus depuis quelque temps à la demande de Monseigneur, je me suis mise à écrire.

J'écrivais en fixant bien ma pensée et en priant pour que chaque mot, chaque phrase soit le plus exact possible. Le long message coulait de ma plume sans la moindre difficulté, à mon grand étonnement. J'ai pu tout rédiger d'une seule traite sans la moindre hésitation et sans avoir besoin de chercher dans ma mémoire les mots qui étaient comme gravés dans mon esprit et comme dictés par une présence invisible. C'eût été tout à fait impossible à mes seules facultés naturelles.

Tout en écrivant, je sentais revivre l'émotion ressentie en même temps que je découvrais avec gratitude et enthousiasme que les réponses aux questions de Mgr Ito étaient contenues en totalité dans le message. Même quand il est venu pour ma profession le 15 août, je n'ai presque pas eu besoin de consulter mes notes tant les mots revenaient avec la même facilité.

Lumière, sueur et parfum

En la fête de l'Archange St Michel, **le 29 septembre**, pendant le temps du chapelet de l'après-midi, de nouveaux phénomènes se produisent : la statue de Marie resplendit d'une blancheur éclatante, tandis qu'un liquide apparaît semblable à de la sueur surtout sur le front et le cou. Les sœurs vont en imprégner une grande quantité de coton tandis qu'un délicieux parfum se dégage dans la chapelle, dont on ne peut dire s'il tient de la rose, du lys ou de la violette. C'est le ravissement général parmi les sœurs, car on n'a jamais senti une odeur aussi merveilleuse.

Le parfum perdure le **7 octobre, fête de Notre-Dame du Rosaire** et l'Ange apparu à Sœur Agnès va lui dire : "Ce parfum restera jusqu'au 15 octobre seulement. Après, vous ne pourrez plus jamais sentir cette essence sur la Terre. Toi aussi, amasse des mérites comme autant de parfums délicats. En y mettent tous tes efforts, sous la protection de Marie, tu y parviendras". Comme l'Ange l'avait dit, le parfum resta jusqu'au **15 octobre, fête de Ste Thérèse d'Avila** et fut particulièrement marqué le **3, fête de Ste Thérèse de l'Enfant Jésus.**

Le Troisième message de la Vierge Marie

Ce message fut donné le **samedi 13 octobre 1973**. Ce matin-là, comme d'habitude, les laudes sont suivies d'un moment d'adoration. En récitant le chapelet, Sœur Agnès revoit la "splendeur lumineuse du Saint Sacrement", tandis que la statue de Marie exhale le parfum délicieux qui envahit toute la chapelle. L'après-midi, étant seule à garder la maison, elle retourne à la chapelle. Elle raconte : "Sortant mon chapelet, je me suis agenouillée et j'ai fait le signe de la croix. A peine ce geste était-il achevé que la Voix d'une indicible beauté parvint de la statue à mes oreilles sourdes. Dès le premier mot, je me suis prosternée à terre en concentrant toute mon attention :

"Ma fille chérie, écoute bien ce que je vais te dire. Tu en informeras ton Supérieur.

Comme je te l'ai déjà dit, si les hommes ne se repentent pas et ne s'améliorent pas, le Père infligera un châtiment terrible à l'humanité entière. Ce sera alors un châtiment plus grave que le déluge, tel qu'il n'y en a jamais eu auparavant. Un feu tombera du ciel et anéantira une grande partie de l'humanité, les bons comme les méchants, n'épargnant ni les prêtres ni les fidèles. Les survivants se trouveront dans une telle désolation qu'ils envieront les morts. Les seules armes qui vous resteront alors seront le Rosaire et le Signe laissé par le Fils. Priez chaque jour les prières du Rosaire. Avec le Rosaire, priez pour le Pape, les Évêques et les prêtres.

L'action du diable s'infiltrera même dans l'Église, de sorte qu'on verra des cardinaux s'opposer à des cardinaux, des évêques contre d'autres évêques. Les prêtres qui me vénèrent seront méprisés et combattus par leurs confrères, les églises, les autels saccagés ; l'Église sera pleine de ceux qui acceptent les compromissions et le démon poussera beaucoup de prêtres et de consacrés à quitter le service du Seigneur.

Le démon s'acharne surtout contre les âmes consacrées à Dieu. La perspective de la perte de nombreuses âmes est la cause de ma tristesse. Si les péchés croissent en nombre et en gravité, il n'y aura plus de pardon pour ceux-ci.

Avec courage, parle à ton Supérieur. Il saura encourager chacune d'entre vous à prier et à accomplir des œuvres de réparation".

Comme la voix s'était tue, je me suis enhardie à lever la tête et j'ai vu la statue toujours resplendissante de lumière, mais **une légère expression de tristesse** semblait voiler son visage. Alors je me suis résolue à poser la question: "Qui est mon Supérieur ?". La Voix enchaîna aussitôt :"Eh bien, c'est Mgr Ito qui dirige ta communauté".

Puis Elle reprit : "Tu as encore quelque chose à demander ? C'est aujourd'hui la dernière fois que je te parle de vive voix. Désormais, tu obéiras à celui qui t'est envoyé et à ton Supérieur. Prie beaucoup les prières du Rosaire. Je suis la seule à pouvoir encore vous sauver des calamités qui approchent. Ceux qui mettront leur confiance en moi seront sauvés".

Elle avait terminé de parler. Cette fois, j'avais les lèvres tellement engourdies par l'émotion que je parvins tout juste à dire "oui" tandis que je gardais le visage contre terre. Peu après, j'ai relevé la tête : la lumière éblouissante avait disparu, il n'y avait plus que la statue de bois de Marie qui avait retrouvé son état habituel et se tenait là, silencieuse, dans le coin de notre chapelle pauvre et humble. La lumière avait disparu, mais la Voix s'était gravée au plus profond de mon âme, et j'étais remplie de crainte et de reconnaissance à l'idée qu'une personne comme moi ait pu avoir la grâce de recevoir des messages d'une telle importance. Je me suis prosternée à terre encore une fois, ne sachant que répéter : **"Sainte Marie, refuge de tous les pécheurs, priez pour nous !".**

Le 4 novembre 73, l'évêque Mgr Ito, vient visiter la communauté et Sœur Agnès lui fait un récit précis des derniers faits et lui communique le grave message du 13 octobre. Le lendemain matin, alors que Mgr Ito célèbre la messe, l'ange apparaît à Sœur Agnès et lui dit :" Ton Supérieur s'apprête à adresser à Rome la demande de reconnaissance officielle de votre Institut qu'il souhaite depuis longtemps. Annonce qu'il y aura beaucoup d'obstacles, mais qu'il plaira au Saint-Père de l'accorder, car Marie l'a encouragé à ' aimer la pauvreté et à accomplir des actes de réparation ".

La vie de la communauté des Servantes de l'Eucharistie continue. A partir du mois de mars 1974, les sœurs vont avoir un aumônier en la personne du Père Teiji YASUDA. Il va avoir un rôle important dans la suite des événements. Il écrira lui-même : "La rencontre des événements mystérieux survenus au sujet de la statue de Marie fut totalement indépendant de mes prévisions et de mes espérances, et je ne peux que rendre grâce au Ciel d'une telle sollicitude ". Le Père Yasuda va être assez déconcerté par le témoignage de Sœur Agnès. Dans un premier temps, il ne va guère s'en occuper. Étant là pour une année de repos, il va se consacrer à un projet de jardin japonais à proximité du couvent, jardin auquel il donnera le nom de **"Jardin de Marie".**

Le 1° mai, le Père Yasuda célèbre la messe en l'honneur de St Joseph et dit quelques mots en introduction :" Aujourd'hui, nous fêtons St Joseph, Patron des travailleurs. Nous demandons tout spécialement son intercession pour la réalisation du Jardin (de Marie)…"

Pendant le temps d'adoration, Sœur Agnès a une visite de son Ange qui lui dit : " *L'intention que vous offrez (celle du Jardin) conformément à la volonté de celui qui vous dirige est bonne et plaît au Seigneur et à sa Sainte Mère. Plus vous offrirez cette bonne intention, plus les difficultés et les obstacles seront nombreux. Mais aujourd'hui, vous avez demandé la protection de St Joseph dans une même union de prière. Cette prière plaît beaucoup à Jésus et à Marie ; elle sera exaucée. St Joseph protégera votre œuvre. Pour vaincre les obstacles extérieurs, priez avec confiance dans l'unité intérieure. Il est un peu dommage qu'il n'y ait aucun signe extérieur ici en l'honneur de St Joseph. Demande à celui qui vous dirige de faire le nécessaire quand vous pourrez, même si ce n'est pas pour tout de suite* " (par la suite, une statue de St Joseph fut placée dans la chapelle et malgré de nombreuses difficultés, le "Jardin de Marie" fut bien réalisé).

Le 18 mai, Sœur Agnès est de nouveau visitée par son Ange qui lui dit : " *Tes oreilles s'ouvriront en août ou en octobre. Tu entendras, tu seras guérie. Mais cela ne durera qu'un moment, car le Seigneur souhaite encore cette offrande, et tu redeviendras sourde. En voyant que tes oreilles entendent à nouveau, le cœur de ceux qui doutaient encore fondra et ils croiront. Aie confiance et prie dans de bonnes intentions. Rapporte ce que je t'ai dit à celui qui te dirige. N'en parle à personne d'autre avant que cela se réalise "*.

Après une nouvelle intervention de l'Ange et trois neuvaines de prière, la surdité de Sœur Agnès sera guérie subitement le 13 octobre 1974 devant le Saint-Sacrement exposé. Les deux hôpitaux consultés délivreront un certificat attestant l'état normal de ses oreilles. Conformément à la prédiction de l'Ange, la guérison fut provisoire – elle ne dura que cinq mois – mais elle n'en revêt pas moins une profonde signification quant au caractère surnaturel des événements d'Akita.

Les lacrymations de la statue de Marie

C'était le 4 janvier 1975. Sœur Agnès écrit dans ses notes : " C'était après le temps de prière qui succède au petit déjeuner. Sœur K. qui mettait de l'ordre dans la chapelle, vint m'appeler en courant, alors que j'étais dans le couloir : 'Agnès, viens voir !'. Me rapprochant de la statue de Marie, j'ai eu un choc en voyant son visage : il y avait de l'eau accumulée dans les deux yeux…cette eau s'est mise tout à coup à dégouliner. De l'eau qui coule des yeux, mais alors ce sont des larmes ! ai-je pensé en moi-même. Est-ce que ce serait les larmes de la Sainte Vierge ?, ai-je demandé à Sœur K., mais celle-ci restait figée et ses lèvres étaient agitées d'un tremblement nerveux.

Sentant mes genoux plier, je me suis prosternée. Puis reprenant mes esprits et me disant qu'il fallait faire quelque chose, je me suis précipitée au téléphone pour avertir le Père Aumônier qui se trouvait au presbytère à ce moment-là. Le Père est arrivé aussitôt et toute la communauté s'est retrouvée dans la chapelle en l'espace de quelques instants. Prosternée dans le fond, je n'avais pas le courage de m'approcher de la statue. Je priais en moi-même de toutes mes forces : Sainte Marie, pardonnez-moi. C'est moi qui vous fais pleurer. Pardon Seigneur, pardonnez-moi parce que je suis une pécheresse !

Marie pleure parce qu'on n'a pas tenu compte de toutes les grâces obtenues par son intercession ! J'étais abattue par le poids du regret. Ce jour-là, les larmes sont apparues encore deux fois. La deuxième fois, il était une heure de l'après-midi…La troisième fois, les larmes se sont mises à couler alors que j'étais restée ainsi pendant un long moment absorbée dans la prière. Vers six heure et demie du soir, la Sœur venue battre le rappel pour le dîner s'en est aperçue et c'est elle qui nous l'a fait remarquer. Nous étions deux à prier dans la chapelle.

Cette fois-ci, les larmes ne s'écoulaient plus par accumulation et débordement, elles ruisselaient les unes après les autres. Elles affluaient, affluaient...En un flot continuel, elles formaient des filets sur les joues, le menton, jusque sur la poitrine, et tombaient goutte à goutte...Monseigneur qui était arrivé entre temps et voyait les larmes pour la première fois a fait apporter de l'ouate et a essuyé lui-même au fur et à mesure ". Vingt personnes furent témoins de ces trois lacrymation successives.

Le Père Yasuda s'exprime ainsi : "Quant à moi qui ai observé le phénomène minutieusement à chaque fois, j'en ai été profondément touché. Les deux yeux de la statue brillaient, le liquide s'accumulait, débordait, ruisselait, tout à fait comme ceux d'un être humain. Chacun en reparla par la suite comme s'il avait assisté aux larmes d'une personne vivante. Les larmes apparaissaient sur le bord intérieur des yeux où se trouvent les glandes lacrymales, coulaient le long du nez, sur les joues, puis tombaient goutte à goutte, exactement comme une personne humaine qui pleurerait toutes larmes de son corps en conservant la même position. Les gouttes s'arrêtaient sous le menton comme de petites perles, roulaient sur la ceinture, suivaient les plis de la robe et tombaient sur le globe.

Qui pourrait prétendre donner une explication naturelle à un tel phénomène ? Les analyses scientifiques du liquide effectuées par la suite ont montré qu'il s'agissait bien de larmes humaines. Quand on voit sortir un liquide des yeux d'une statue de bois, alors que celui-ci est si sec qu'il est déjà craquelé par endroits, on ne peut s'empêcher de penser que ce sont les vraies larmes de Marie suscitées une nouvelle fois par la puissance créatrice de Dieu.

Il est à mon sens tout à fait impossible à l'homme de faire sortir des larmes humaines d'un morceau de bois que de changer de l'eau en vin. J'ai eu le sentiment d'être en présence d'un prodige aussi inouï que celui des noces de Cana dans l'Évangile de Jean où Jésus transforme l'eau en vin. La statue réalisée dans du bois d'arbre de Judée plus de dix ans auparavant par M. Saburô Wakasa, un sculpteur renommé de la région, avait complètement séché depuis sa réalisation et de petites fissures commençaient à apparaître...Au début, la stupéfaction était telle que personne n'aurait eu l'idée de prendre des photos, mais on le fit par la suite et les preuves objectives restent ainsi conservées. Comment peut-on persister à taxer ces réalités d'illusion ou d'hallucination ?

Ainsi, les lacrymations qui ont commencé le **4 janvier 1975** se sont succédées à des intervalles plus ou moins réguliers, parfois jour après jour, jusqu'au **15 septembre 1981**, jour où les larmes coulèrent pour la dernière fois. Le phénomène s'est reproduit **CENT UNE fois** ".

De nouveau des paroles de l'Ange

Sœur Agnès écrit dans son Journal : " Pendant le chapelet (de ce 4 janvier) après la causerie, j'ai revu l'Ange gardien qui n'était pas apparu depuis longtemps et il a dit le chapelet avec moi. Ensuite, il a disparu un moment puis il s'est remontré pendant la prière silencieuse peu après la cérémonie de profession des membres laïques. Il m'a dit ceci :
" *Ne soyez donc pas si étonné de voir la Sainte Vierge pleurer. Elle pleure parce qu'elle souhaite la conversion du plus grand nombre ; elle désire que les âmes soient consacrées à Jésus et au Père par son intercession. Celui qui vous dirige l'a dit (Mgr Ito) pendant le dernier sermon aujourd'hui : votre foi tiédit quand vous ne voyez pas. C'est que votre foi est faible. La Sainte Vierge se réjouit de la consécration du Japon à son Cœur Immaculé, car elle aime le Japon. Mais, elle est attristée de voir que cette dévotion n'est pas prise au sérieux. Bien qu'elle ait choisi cette terre d'Akita pour donner ses messages, le curé de la Paroisse n'ose pas venir par peur du qu'en dira-t-on.* **N'ayez pas peur.** *La Sainte Vierge vous attend tous , les mains tendues pour répandre les grâces. Répandez la dévotion à la Vierge. Elle se réjouit de la profession des membres laïques consacrés aujourd'hui par son intercession conformément à l'esprit de votre Institut. Vous ne devez pas considérer les membres laïques ainsi consacrés comme de moindre importance. La prière que vous avez l'habitude de dire "Accordez au Japon la grâce de la conversion par l'intercession de la Vierge Marie" plaît au Seigneur.*
Vous qui avez cru en voyant les larmes de Marie, quand vous aurez la permission de votre Supérieur, parlez au plus grand nombre, afin de consoler les Cœurs de Jésus et de Marie. Répandez cette dévotion avec courage pour leur plus grande gloire. Tu transmettra mes paroles à votre Supérieur et à celui qui vous dirige ".

Comme confirmation scientifique, le Père Yasuda va demander au Professeur Sagisaka de la Faculté de Médecine Légale de faire une expertise dans toutes les règles de la rigueur scientifique. Les résultats ont été communiqués ainsi : "Les matières adhérées sur les gaze sont du sang humain. La sueur et les larmes absorbées dans les deux morceaux d'ouate sont d'origine humaine ". Comme pour la Vierge de Syracuse, la preuve scientifique de l'origine humaine des matières était indéniable.

Nouvelles paroles de l'Ange

C'était le **samedi 1° mai 1976,** Fête de Saint Joseph, Patron des Travailleurs. Ce jour-là plusieurs visiteurs étaient attendus en provenance de Tokio, des hommes, employés, fonctionnaires mais aussi avocat, professeur d'université : ils avaient constitué un groupe chrétien et ils s'efforçaient d'approfondir leur foi tout en menant des activités professionnelles absorbantes. La dernière lacrymation remontait à un an et deux mois. Peu après la messe célébrée le soir, Sœur Agnès reçut un message de son Ange. En voici le texte :

" *Beaucoup d'hommes en ce monde affligent le Seigneur. J'attends des âmes pour le consoler. Demeurez dans la pauvreté, sanctifiez-vous et priez en réparation des ingratitudes et des outrages de tant d'hommes. Le Rosaire est votre arme. Dites-le avec soin et plus souvent à l'intention du Pape, des Évêques et des prêtres* ".

Vous ne devez pas oublier ces paroles (de Marie). La Sainte Vierge prie continuellement pour la conversion du plus grand nombre possible et pleure en espérant ramener à Jésus et au Père des âmes qui Leur soient offertes par son intercession. Dans cette intention et pour vaincre les obstacles extérieurs, réalisez l'union intérieure, formez un seul cœur. Que les croyants mènent une vie plus digne de croyants ! Priez d'un cœur nouveau.

Attachez une grande importance à ce jour pour la gloire de Dieu et de sa sainte Mère. Avec courage, répandez cette dévotion parmi le plus grand nombre. De ce que je t'ai dit, informe ton Supérieur et celui qui vous dirige ".

Après le dîner, des larmes apparurent coulant des yeux de la statue d'une manière abondante ; les gouttes tombaient du menton sur la poitrine et mouillaient même le socle. Le phénomène se reproduisit le lendemain : en plus du groupe de Tokyo, il y avait beaucoup de visiteurs notamment quatre médecins. La chapelle fut comble aussitôt. Cette fois, même ceux qui avaient des soupçons se mirent à pleurer et à sangloter. Les médecins présents convenaient que cela ne pouvait être une supercherie. Il y eu cinquante-cinq témoins oculaires ce jour-là, principalement des personnes laïques qui n'étaient pas particulièrement religieuses. Les larmes coulèrent cinq fois en deux jours, laissant pour la première fois des traces visibles sur les joues même après qu'elles eussent cessé.

Le témoignage d'un fonctionnaire

"Après la première lacrymation, quand j'en ai discuté le soir, nous avons évoqué la possibilité d'un truquage avec une seringue. La deuxième fois, tout en essayant de garder mon sang-froid, je me suis décidé à regarder sérieusement. Les larmes affluaient et coulaient sans arrêt. Je me suis approché de plus près pour mieux m'en assurer. Alors j'ai compris qu'il n'était pas convenable de douter et j'ai prié le chapelet avec les autres".

L'exhortation de l'Ange de ce jour-là vise à attacher une grande importance à la dévotion envers Saint Joseph. Mais ce qui ressort avec le plus de force est la pressante invitation à mettre les messages en Marie en pratique dans notre vie.

D'autres lacrymations importantes de la statue se produisirent aux dates suivantes : 13 mai 1976, anniversaire de la première apparition de Fatima ; le jour de l'Assomption 1976 ; le jour de l'Annonciation 1979 ; le 22 août 1981, fête de la Vierge Marie Reine ; les 12 et 15 septembre 1981, fête de Notre-Dame des Douleurs. En tout, **CENT-UNE lacrymations et plus de cinq cents témoins.**

Les guérisons

Au moins deux guérisons doivent être attribuées à l'intercession de Notre-Dame d'Akita. Celle de Sœur Agnès dont la surdité fut guérie instantanément et totalement le **dimanche 30 mai 1982** en la fête de la Pentecôte. Le 25 mars de la même année, l'Ange lui avait déclaré :

"La surdité te fait souffrir n'est-ce pas ? Le moment de la guérison promise approche. Par l'intercession de la Vierge Sainte et Immaculée, exactement comme la dernière fois, par devant Celui qui est réellement présent dans l'Eucharistie, tes oreilles seront guéries définitivement pour que l'œuvre du Très-Haut soit accompli. Il y aura encore bien des souffrances et obstacle venant de l'extérieur. Tu n'as rien à craindre. En supportant et en offrant, tu seras protégée. Fais bien offrande et prie. Transmets ce que je t'ai dit à celui qui vous dirige et demande-lui conseil et prière ".

La deuxième guérison concerne Madame Téresa Chun résidant en Corée du Sud. Alors qu'elle était en phase terminale d'une **tumeur au cerveau et dans le coma**, la Vierge lui apparut sous les traits de la statue d'Akita. Un mieux totalement inattendu se manifesta puis se confirma dans les semaines suivantes. La disparition totale et inexpliquée de la tumeur se réalisa peu après (9 décembre 1981).

Ce qui suit est extrait de la Lettre Pastorale de Mgr Jean Ito SHOJIRO, évêque de Niigata au sujet de la Sainte Vierge d'AKITA, au Japon, en date du 22 avril 1984 :

Une série d'événements mystérieux sont survenus à la maison-mère de l'Institut des Servantes de l'Eucharistie, à propos de la statue de la Vierge

Marie qui se trouve dans leur chapelle. La chose la plus remarquable a été l'eau qui s'écoulait des yeux comme des larmes humaines : **cette lacrymation** commencée le 4 janvier 1975, va se poursuivre jusqu'au 15 septembre 1981, en la Fête de Notre-Dame des Sept Douleurs, soit **101 fois**. Environ **500** personnes en ont été témoins.

Par ailleurs, de nombreux témoignages font état de conversions et de guérisons obtenues par la médiation de la Vierge d'Akita. Une sœur de la communauté, Sœur Sasagawa (Sœur Agnès) sera elle-même guérie d'une sévère surdité, le 30 mai 1982, en l'espace d'un instant. C'est la **Sœur Sasagawa** qui a reçu plusieurs "messages" de la Vierge Marie.

Le **premier message** lui a été donné, le 6 juin 1973, premier vendredi du mois. Une voix lui parvenait de la statue resplendissante d'une lumière éblouissante :

" Ma fille, ma novice, tu as bien fait de tout quitter pour me suivre. L'infirmité de ta surdité te fait-elle souffrir ? Tu guériras certainement. Sois patiente…Prie en réparation pour tous les hommes…Prie beaucoup pour le pape, les évêques et les prêtres…" (texte complet ci-dessus).

Le **deuxième message** lui fut donné , le 3 août suivant :
" Ma fille, ma novice, aimes-tu le Seigneur ? Si tu aimes le Seigneur, écoute-moi bien. Ce que je vais te dire est important et tu le transmettra à ton Supérieur. Beaucoup de gens du monde afflige le Seigneur. Je désire des âmes pour le consoler. Mon Fils et moi, nous désirons des âmes qui fassent réparation par leurs souffrances et leur pauvreté pour les pécheurs et pour les ingrats, afin d'apaiser la colère du Père céleste…Prière, pénitence et sacrifices courageux peuvent apaiser la colère du Père. Tout cela, je le désire aussi de ta communauté…Sans trop vous attacher à la forme, soyez fidèles et ferventes à la prière pour consoler le Maître…" (texte complet ci-dessus).

Le **troisième et dernier message** fut donné, toujours par la Voix provenant de la statue de la Vierge Marie, le **13 octobre** de la même année :
" Ma fille bien-aimée, écoute bien ce que je vais te dire maintenant, et transmets-le à ton supérieur.
Comme je te l'ai annoncé précédemment, si les hommes ne se convertissent pas, le Père laissera tomber sur toute la race humaine un grand châtiment. Sans aucun doute, ce sera une punition terrible, telle qu'on en a encore jamais vue. Le feu tombera du ciel. Par ce châtiment, une grande partie de l'humanité sera anéantie. Les prêtres mourront comme les fidèles. Les hommes qui seront épargnés connaîtront de telles souffrances et une telle désolation, qu'ils envieront ceux qui sont morts. Alors, la seule arme qui restera sera le Rosaire et le signe laissé par le Fils. Chaque jour, priez la prière du Rosaire…" (texte complet ci-dessus).

Mgr Jean Ito ajoute : *"**Ce message est conditionnel** : ' Si les hommes ne se convertissent pas ' est-il dit, mais il contient un avertissement sévère. Et en même temps, on sent tout l'Amour maternel de Marie dans ces paroles : ' La perte de beaucoup d'âmes est la cause de ma douleur '. Ce sont des événements importants qui concernent l'Église, et on ne doit pas les traiter à la légère...le contenu de ces messages n'est pas contraire au dogme catholique, et la situation du monde actuel rappelle, à bien des égards, la gravité de ces avertissements ".*

Nous pouvons déjà noter que le 3° message a été donné un 13 octobre (1973), ce qui semble le relier à l'évidence au message de Fatima : **13 octobre 1917**, jour du grand miracle du soleil et dernière des six apparitions à Lucie, François et Jacinthe. Nous reprendrons la question dans notre conclusion.

LES APPARITIONS DE SAN NICOLAS
Argentine, 25 septembre 1983 au 11 février 1990

A l'automne 1983, des apparitions de la Vierge Marie ont commencé discrètement à San Nicolas en Argentine : la ville historique où fut signé, **le 31 mai 1852**, l'accord fondateur de l'Assemblée Constituante de l'Argentine ; une ville dédiée à la Vierge depuis un siècle. Gladys Herminia de Motta, la voyante, est une chrétienne moyenne, une femme normale, solide, réaliste, optimiste. Mariée, elle a deux filles adolescentes. Elle n'a fait que 4 années d'école primaire, elle écrit et lit peu, sa santé n'est pas très bonne. Avec sa famille, elle habite une petite maison dans le quartier ouvrier : son mari est ouvrier métallurgiste à l'usine voisine. Après quelques préliminaires silencieux, Gladys reçoit son premier « message » le **lundi 13 octobre,** jour anniversaire du « grand miracle » de Fatima (13 octobre 1917). La Vierge parle : « Tu as été fidèle. Ne crains pas, viens me voir. Tu marcheras la main dans ma main, et tu parcourras un long chemin ». La Vierge ajoute une référence biblique : *Ézéchiel 2,4-10*. Le texte est sévère. Le Seigneur s'y plaint véhémentement de son peuple rebelle : *« fils à la tête dure et au cœur obstiné »*.

La voyante reste cachée, elle s'ouvre à son curé de ce qui lui arrive ; celui-ci avertit l'évêque du lieu, Mgr Castagna. Celui-ci va accueillir les « faits » avec discernement et bienveillance. Il ne fera pas de déclaration juridique mais il va participer de très près aux pèlerinages qui s'organisent : il préside lui-même la procession mensuelle du 25 du mois, contrôle et favorise la diffusion des « messages ». L'événement se développe dans un **accord exceptionnel** à tous les plans : le peuple de Dieu, l'évêque, la Conférence Épiscopale d'Argentine. Pour une fois, des apparitions font leur chemin paisiblement sans être une pomme de discorde. C'est pour ces raisons, que nous avons retenu ces apparitions de San Nicolas : la manière dont l'ordinaire du lieu, Mgr Castagna a accueilli les faits vaut largement un décret juridique de « reconnaissance » (6).

Le 17 octobre, Gladys se rend à **Rosario** (800.000 habitants), siège de l'Archevêché. Cette ville, comme son nom l'indique est dédiée à Notre-Dame du Rosaire. Gladys connaît la statue de la cathédrale qu'elle reconnaît comme relativement conforme à l'apparition. Là, écrit-elle : « Je fermais les yeux, et elle apparut tout près, grande ! Tandis que je priais, elle me parla : Écoute mes paroles et fais-les entendre. Toujours je serai ton guide (...) Reçois ce rosaire de mes mains, et garde-le toujours. Tu es obéissante, j'en suis heureuse. Réjouis-toi, car Dieu est avec toi ».

Le 28 octobre : « Que le Seigneur illumine l'esprit des hommes. **Heureux ceux qui sont en paix avec Lui.** Sois toujours humble et soumise, comme tu as l'être jusqu'à ce jour. Tu es ma fidèle servante, et cela plaît au Seigneur ».

Le 30 octobre : « Vous êtes mes fils nécessiteux mais aimés. Il est temps de prier, de demander le repentir, et il sera donné ! Bienheureux ceux qui sont avec le Seigneur. Que ma semence ne soit pas vaine, ni ma terre sans fruit. Gloire au Père éternel ! ».

Au cours de l'année 1984, les messages se font plus nombreux : ils sont souvent fondés **sur l'Écriture Sainte :**

« Bienheureux les cœurs purs, car ils verront Dieu (Mt 5, 1-10). Celui qui veut venir après moi, qu'il se renonce, qu'il porte sa croix chaque jour, et qu'il me suive (Mt 16,24). Heureux ceux qui écoutent la Parle de Dieu et qui la gardent (Lc11,28). Je ne vous appellerai plus serviteurs mais amis (Jn 15,15). **N'ayez pas peur** (Lc 12, 32) ».

Un autre originalité de San Nicolas est que le **Christ Lui-même** s'exprime par de fréquents messages (68 messages) à partir de 1984 :

« Que vos yeux et votre cœur se réfèrent à votre Dieu. Je le veux. Malheur à l'homme qui lui désobéit. Cela ne lui vaut rien. Et il ne trouvera rien qui le remplace. Je vous appelle mes enfants, et je veux que vous soyez mes enfants ».

« Celui qui écoute ma parole trouvera le salut, celui qui la met en pratique vivra éternellement. Ceux qui espèrent en Dieu n'espèrent pas en vain ».

« Je m'adresse au pauvre, au malade, au souffrant. **Mon Cœur est grand**, il peut recevoir toute lamentation, toute souffrance. Non, je ne suis pas sourd. Je ne suis pas froid. Mon Amour arrive jusqu'à ceux qui m'aiment. Dieu s'arrête devant chacun de ses enfants, selon ses besoins et selon l'amour que chacun éprouve pour lui. Je ne me dérobe pas. **Je veux sauver l'humanité ».**

« Si cette génération n'écoute pas ma Mère, elle périra. Je demande au monde de l'écouter. La conversion de l'homme est nécessaire. Il vaut mieux regarder là-haut et savoir ce que dit Celui qui s'y trouve, plutôt que de marcher à la dérive ».

« Sous **l'espèce de l'Eucharistie**, mon Cœur s'introduit dans tous les cœurs ouverts. Il les rassasie. Mon Cœur tient compte de toutes les âmes. Mon Cœur désire le salut de toutes les âmes et les aime : même celles qui sont dans le péché ».

« Les peuples souffrent toujours de la même maladie qui est **l'orgueil.** Cela s'étend à l'univers entier. Si les âmes manquent d'amour et de foi, c'est en vain que j'essaie de les atteindre ».

« Aujourd'hui, j'avertis le monde, car le monde ne se rend pas compte : **les âmes sont en danger**. Beaucoup se perdent. Peu trouveront le salut, à moins que l'on m'accepte comme Sauveur. Ma Mère doit être reçue. Ma Mère doit être écoutée dans la totalité de ses messages. Le monde doit découvrir la richesse qu'Elle apporte aux chrétiens (...). J'ai choisi le **Cœur de ma Mère** afin que ce que je demande se réalise. Les âmes viendront à Moi par le moyen de son Cœur Immaculé ».

« Ce que tu vois, c'est mon Cœur qui frémit face à **l'hostilité du monde envers Dieu**. Je veux que les hommes découvrent le salut. Voici le raison de cette manifestation d'Amour pour l'humanité ».

La Vierge Marie demande la prière, la conversion, le jeûne

« Ma fille, hier ce fut à Lourdes, aujourd'hui, c'est ici, mais c'est bien toujours la Mère en quête de ses enfants. J'attend d'eux **la prière, la jeûne, la conversion**. Ils trouveront le salut s'ils ne fuient pas le Seigneur, s'ils acceptent le Seigneur. Beaucoup d'âmes manquent de paix. Si l'âme cherche la paix, elle trouvera Dieu » (11 janvier 1989).

La pastorale exemplaire de l'évêque

Le 25 mars 1986, jour de l'Annonciation, pour la première fois, l'évêque de San Nicolas participe à la cérémonie mensuelle qui rassemble une fervente affluence. Dès les premiers mots du sermon, il assume ce pèlerinage : « *La présence de la Vierge nous fait pèlerins et pénitents. C'est toujours Elle qui nous donne Jésus notre Sauveur et nous enseigne à être fidèles à l'Évangile (...) Comme pasteur, je veux répondre à l'appel de la Mère, reconnaître sa présence, tout en discernant ce qui vient d'Elle, et ce que les exagérations et déviations humaines risqueraient d'occasionner* ».

Deux mois après la pose de la première pierre de la nouvelle basilique par Mgr Castagna, au jour anniversaire de l'apparition, Mgr Jorge Lopez, archevêque de Rosario, dont Mgr Castagna est suffragant, se rend à San Nicolas pour confirmer cette grâce qui fructifie. Il écrit : « *Le 25 novembre, je suis allé à San Nicolas, afin d'y vénérer la Vierge du Très Saint Rosaire, dont la statue se trouve dans la cathédrale. Je n'étais qu'un pèlerin comme un autre qui désirait renouveler sa confiance et son amour filial envers la Mère du Ciel, et la prier pour les besoins de l'Archidiocèse et du monde entier.*

*Ce fut aussi la visite de l'archevêque métropolitain, dont San Nicolas est un diocèse suffragant, afin de témoigner mon appui et mon adhésion aux principes et à l'orientation de mon cher évêque de San Nicolas, Mgr Domingo Salvador Castagna, au sujet des **apparitions et des messages de la Très Sainte Vierge** à Madame Gladys de Motta, habitant cette ville (...). La réalité de cet événement extraordinaire dans l'ordre spirituel s'est imposée d'elle-même, sans aucune précipitation déplacée. Comme fruit de tout cela, j'ai pu* *récolter la réconfortante impression d'une piété solide, discrète et forte, qui domine l'ambiance, aussi bien pendant la procession...que pendant la célébration de la sainte Messe. Pendant la procession, les chants de louange alternaient avec la récitation du très Saint Rosaire ; pendant la célébration de la sainte Messe, l'enseignement de l'évêque diocésain, le climat eucharistique, la participation des fidèles et la ferveur de nombreuses communions respiraient une véritable présence du Seigneur dans cette foule, qui, humblement et amoureusement, entourait la Très Sainte Vierge du Rosaire ».*

Ces fortes et explicites paroles de Mgr Lopez montrent à l'évidence que les pasteurs de l'église locale **assument pleinement la responsabilité** des faits de San Nicolas. Mgr Castagna a informé la Conférence Épiscopale d'Argentine : l'accueil fut favorable, car beaucoup d'évêques avaient déjà constaté dans leurs diocèses l'excellence des fruits, notamment la fondation de milliers de groupes de prière et de nombreuses conversions.

Marie, la Nouvelle Arche d'Alliance

Le point de convergence de plus de 1.800 messages transmis par Gladys en sept années, tient en cette affirmation :

Dieu veut renouveler l'Alliance avec son Peuple, par Marie, la Nouvelle Arche d'Alliance

On peut lire en effet dans le livre de l'Apocalypse (qui signifie « dévoilement »), écrit par l'Apôtre Saint Jean alors qu'il était en exil dans l'Île de Patmos : *« Dans le ciel, le sanctuaire de Dieu s'ouvrit et **l'Arche de son Alliance** apparut dans le Temple (...) Alors apparut dans le ciel un grand signe : **une Femme** revêtue du soleil, la lune sous ses pieds. Sur sa tête une couronne de douze étoiles. Elle est enceinte et gémit dans les douleurs de l'enfantement.*

*Alors apparut un autre signe dans le ciel : **un grand dragon** rouge feu ayant sept têtes et dix cornes (...), et sa queue traîna le tiers des étoiles du ciel et les jeta sur la terre. Le dragon se tint devant la Femme qui allait enfanter, pour dévorer son enfant, lorsqu'elle l'aurait enfanter. Et elle enfanta un fils, un mâle, qui doit régir toutes les nations avec un sceptre de fer. Son enfant fut emporté vers Dieu et vers son trône, et la Femme s'enfuit au désert (...). Il y eut une guerre dans le ciel : **Michel et ses anges faisaient la guerre au dragon**, et ses anges avec lui »* (Ap 11,19 à 12,7).

Dans ce texte, Marie apparaît comme **l'Arche d'Alliance**, puis comme **la Femme**, Mère du Messie, mais en guerre avec le dragon. Les douleurs de son enfantement ne visent pas la naissance de Jésus mais « l'enfantement » douloureux de la Passion, ce moment tragique où Marie devient **Mère des**

disciples et de l'Église : Jean 19,25-27. Pendant le temps de l'Église, Marie participe à ses combats, les combats de ses enfants, disciples de Jésus : « *Et le dragon se mit en colère contre la Femme et s'en alla faire la guerre au reste de sa descendance, ceux qui gardent les commandements de Dieu et possèdent son témoignage* » (Ap 12,17).

Le message du 28 février 1989 dit : « Le Seigneur a marqué ce temps d'un signe : **la Femme revêtue de soleil**. Elle représente l'espérance auquelle ses enfants doivent s'accrocher ». On a trouvé cette Femme revêtue du soleil dans les manifestations de Guadalupe (Mexique 1531), de la Rue du Bac (Paris, 1830), de Fatima (Portugal, 1917).

Après la chute du premier couple humain, Dieu a renouvelé plusieurs fois son Alliance avec les hommes : avec Noé, puis avec Abraham et ensuite avec le peuple d'Israël. Enfin, en son Fils fait chair en Jésus-Christ, Dieu a fait une Alliance « nouvelle et éternelle » avec tous les peuples de la terre. Aujourd'hui, cette alliance apparaît comme largement rompue en notre monde délibérément désacralisé, sécularisé, matérialisé. Cette rupture avec Dieu est la source des multiples divisions, conflits, violences et haines de notre monde déchiré.

La Vierge Marie le confirme en disant à San Nicolas : « **Les rébellions** que je voie par le monde sont atroces. Je suis pleine de compassion envers tous ceux qui sont éloignés de Dieu. Ils manquent d'amour parce qu'ils le rejettent. Leurs péchés augmentent de jour en jour. Ils les désirent et les commettent », « Dans les grandes villes du monde entier règnent l'athéisme et **une totale indifférence envers Dieu**. Le Malin monte en effervescence : sa méchanceté recouvre et domine les esprits faibles. Le Seigneur veut vous alerter : les hommes sont en train de tomber, **leur autodestruction progresse** ».

On perçoit à travers ces messages **l'angoisse et la tristesse** de la « Mère » : « Prie ma fille pour tous les petits enfants de l'univers, pour ceux qui n'ont pas de pain, pour ceux qui manquent d'amour, et surtout pour ceux qui ne reçoivent pas la Parole de Dieu », « Celui qui est compatissant pour un enfant est compatissant envers Dieu. Celui qui donne son amour à un enfant le donne à Dieu. Celui qui fait connaître à un enfant la Parole de Dieu est vraiment un fils de Dieu », « Ma fille, je vois **la jeunesse à la dérive**. Le démon la coince et l'entraîne au péché. Mes enfants sont harcelés par le mal, et le désordre de leurs esprits est complet », « Je m'adresse aux jeunes du monde entier, à ceux qui ont emprunté le mauvais chemin : pourquoi, commettez-vous tant de bêtises ? Êtes-vous orphelins ? N'avez-vous pas un Dieu ? N'avez-vous pas votre Mère du ciel ? Il est temps de vous purifier, mes chers enfants ! Que de lamentations plus tard si vous ne le faites pas ! Lisez Isaïe 45,22-25 ».

« Ma fille, prie pour les jeunes du monde entier. Ils ont besoin de l'aide divine car un danger mortel les menace. **L'assujettissement à la drogue** est vraiment un très grand danger pour la jeunesse. En ce moment, tant de jeunes deviennent les esclaves de Satan, de la façon la plus cruelle. La drogue est un grave péril pour les jeunes, elle les porte à vivre dans une complète immoralité. L'ignorance de Dieu les fait se soumettre aux ténèbres (…) **Le Salut doit être amplement prêché**, c'est nécessaire ».

« Dieu veut que tous les hommes soient sauvés » (1 Timothée 2,4). Il confirme ces paroles de l'Écriture à San Nicolas : « Le Seigneur veut que **TOUS** puissent entrer dans son règne. Voici donc ce que je dis à ceux qui se sont éloignés de Lui : 'Venez, approchez-vous, car Jésus-Christ est à la portée de votre main. Amen !' Annoncez-le ! Lisez Hébreux 4,12-16 »

Ce texte dit : « Avancez avec assurance vers le trône de la Gloire **pour recevoir la Miséricorde** et trouver la grâce d'un secours opportun ».

L'Église et le Pape Jean-Paul II

« Vous formez tous le Corps Mystique qui est la Sainte Église dont le Christ est la Tête. Le Vicaire de mon Fils sur la terre est responsable de ce Corps pour qu'il reste debout. C'est pourquoi, **ne vous éloignez pas de votre Pape.** Suivez ses enseignements qui sont en définitive les enseignements du Christ. Que la volonté de mon Fils soit faite », « Priez pour la Sainte Église. Mon Cœur reste blessé parce qu'elle est souvent attaquée. Sa lumière ternit de jour en jour. Étant Mère de l'Église, ma douleur est accablante. Mes souffrances s'unissent à celles du Pape parce que sa douleur est ma douleur. La très intense lumière du Christ va renaître, car tout comme sur le calvaire, après la Crucifixion et la mort, survint la Résurrection. **L'Église, elle aussi, renaîtra par la force de l'Amour** », « **Priez pour le Pape,** mon fils plus que préféré voué corps et âme à Marie, la Mère du Christ. Jean-Paul II marche en portant sa propre croix, vers tous les peuples, en leur apportant la paix et l'espérance du Christ ».

Le 27 octobre 1986, jour de la rencontre inter-religieuse pour la paix, à Assise, elle soutient la prière et le projet du Pape : « Ma bien chère fille, en ce jour la prière va grandir d'une façon généreuse. Aujourd'hui, le Pape qui fait ce que Dieu attend de lui, va lutter pour la paix, cette paix tant désirée dont le monde a besoin. **Les prêtres**, mes bien chers fils, doivent suivre le Pape, car marcher auprès de lui, c'est marcher auprès de mon Fils lui-même », « Jean-Paul, humble serviteur, dont le cœur déborde d'amour envers tous et pour tous, et dont les yeux transparents laissent entrevoir la limpidité de l'âme, porte sur ses épaules la grande responsabilité de l'Église et de l'humanité : Il la présente au Christ et la remet entre les mains du Christ. Le monde a besoin de paix, le monde a besoin d'amour. **Le Christ donne la paix. Le Christ offre son Amour ».**

Les moyens et les armes

La Vierge invite à la prière, en particulier **celle du Rosaire,** avec insistance : « Il ne faut pas vivre sans élever chaque jour une prière à notre Père des Cieux. Il ne faut pas vivre non plus dans la haine et la rancune. Ayez recours au Seigneur en tous vos besoins. Il écoute ceux qui prient avec confiance. Lisez Jacques 1, 2-12 », « Priez votre chapelet et , en le faisant, que le Seigneur comprenne qu'il s'agit de votre propre conversion. Le Sacré-Cœur de Jésus vous accordera des grâces en abondance », « Vous ne comprenez pas quelle est la valeur de la prière... **priez votre chapelet** en méditant les Mystères, et je vous assure que vos prières monteront vers le Seigneur comme un véritable chant d'Amour ».

La Vierge demande la conversion : « Je veux la conversion du monde. C'est assez de désobéir au Seigneur. Mes chers enfants, priez pour qu'il en soit ainsi ». Elle demande la pénitence : « Sachez porter votre croix. Acceptez-la comme Jésus l'a acceptée. Lisez 1a première lettre de Pierre, le chapitre 4 en entier ».

Marie demande que nous fassions la **Consécration à son Cœur :** « Il est bon que mes enfants sachent que je leur demande une Consécration, puisqu'en étant consacrés à mon Cœur, ils appartiennent aussi bien à la Mère qu'au Fils ».

La Vierge demande **le partage avec les plus pauvres**, ceux qui souffrent : « Ma fille, la douleur des pauvres frappe mon Cœur, la tristesse des déshérités, des marginaux : leur souffrance angoisse mon Cœur de Mère », « A l'imitation des saints, pratiquez la miséricorde ».

L'Eucharistie, « source et sommet de toute vie chrétienne »

« Jésus-Eucharistie, c'est son Corps vivant et véritable, adorez-le et aimez-le. Mes chers enfants, c'est dans l'Eucharistie que vous pouvez sentir combien Il se donne à vous. Je demande la **participation quotidienne** à la Sainte Eucharistie », « Oh ma chère enfant, que Jésus aime les âmes ! Il les aime tant qu'aucun amour ne dépasse l'amour du Seigneur : Amour qui se donne, Amour divin, Amour ardent, Amour que toute âme peut recevoir dans la Sainte Eucharistie. Amour qu'Il offre dans le Saint Sacrifice Eucharistique. Amour qui veut être union. Amour qui dépasse toute intelligence humaine », « L'âme doit se rapprocher du Christ. **L'âme doit s'unir au Christ chaque jour**, et pour cela, rien de meilleur que la Sainte Communion ».

Dans la continuité avec Fatima

Le 13 mai 1989, jour anniversaire des apparitions de Fatima, la Vierge Marie s'exprime ainsi : « Ma fille, comme **autrefois à Fatima**, aujourd'hui mes visites se renouvellent sur la terre. Elles sont **plus fréquentes et plus prolongées**, parce que l'humanité passe par des moments très dramatiques (...) Bien des cœurs n'acceptent pas mon invitation à la prière et à la conversion. C'est la raison pour laquelle l'œuvre du démon grandit et s'étend ».

Mais la Vierge Marie se plaint que ses messages ne sont pas reçus et diffusés comme il le faudrait : **« Partout de par le monde où mes messages ont été adressés, on dirait que j'ai prêché dans des cimetières ».** (!)

On peut s'interroger personnellement sur notre **propre responsabilité** dans la diffusion de ces messages de Marie quand nous en avons connaissance et qu'ils sont « reconnus » par l'autorité épiscopale. On peut aussi être étonné que si peu d'évêques et de prêtres catholiques leur accordent de l'importance et se soucient de les faire connaître...Que répondront-ils au Seigneur quand il leur en sera demandé compte au Jour du Jugement ? Qui, dans l'Église de France, **entre 1917 et 1939**, a eu le souci de faire connaître le message de Fatima ? Ce respect humain et cette lâcheté ont coûté les **50 millions de morts** de la Seconde Guerre Mondiale !

Marie s'adresse aux Consacrés

« Voici ce que je demande à ceux qui me sont consacrés : renouvelez-vous par la prière, par une prière intense. Je demande la fidélité, je demande l'authenticité des consacrés. Je vous veux auprès de moi. Je demande que mes fils consacrés donnent à la Mère tout ce qu'elle demande. Qu'ils dédient à l'oraison pour le moins **une heure par jour**. Qu'ils communient quotidiennement. Qu'ils soient humbles. Qu'ils soient au service total de Marie. Qu'ils remercient Dieu pour chacune des journées vécues dans la Consécration. Qu'ils soient unis à l'amour du Fils ».

La Vierge Marie nous conduit à Dieu-Trinité, Dieu-Amour

Dès 1983, la Vierge invite Gladys à dire cette prière : « Bienheureux soient le Père et le Fils et l'Esprit-Saint. C'est au milieu de la Sainte Trinité que tu rencontreras la Paix et la vie éternelle », « Je demande à mes enfants d'aimer et de glorifier la Très Sainte Trinité. Ne cherchez pas de réponse à ce qui est interdit aux hommes. La Très Sainte Trinité demeure le secret de Dieu. Lui seul Le connaît, et il n'appartient qu'à Lui seul. Gloire au Père et au Fils et au Saint-Esprit », « Je demande à mes enfants de croire en la Sainte Trinité, **d'aimer la Très Sainte Trinité** ».

Le 6 décembre 1988, en la fête de San Nicolas, Gladys reçoit l'inspiration d'une prière trinitaire :

Gloire au Père : Père, je te glorifie pour tout ce que tu as créé !
Gloire au Fils Jésus-Christ : A toi la gloire pour ta douloureuse Passion, pour ton abandon au Père et pour ta Résurrection !
Gloire au Saint-Esprit : Gloire à Toi pour la Lumière que tu donnes au monde, pour l'Amour que tu répands dans le monde !
Béni sois-tu, Dieu Unique et Trine, à cause de ta grande Miséricorde !

Ce même jour, 6 décembre 1988, la Vierge dit à Gladys : « Mon Cœur de Mère réclame l'amour de mes enfants envers la Très Sainte Trinité : Dieu le Père, puissance et Amour. Dieu le Fils, Amour assoiffé d'amour. Dieu l'Esprit-Saint qui est Lumière et Amour. La Trinité Sainte démontre parfaitement l'Amour de Dieu pour les âmes. Très Sainte Trinité, trop souvent rejetée et reniée ! **Marchez dans sa splendeur qui reflète tant d'Amour !** ».

Le Salut universel par la confiance et l'amour de plusieurs

« **Dieu veut que tous les hommes soient sauvés** » (1 Tim 2,4). La perspective du salut universel domine les messages, c'est un leitmotiv :
« Le Seigneur donne sa lumière. Permettez qu'elle vous éclaire, et il délivrera le pécheur de tout châtiment. En son temps, le Seigneur fera connaître la grandeur de ses œuvres. Vous vous demandez si le Seigneur **peut pardonner** ceux qui oublient son existence ? Et je vous dis : Oui, mes chers enfants, le Seigneur peut le faire à cause **de sa grande Miséricorde**. Cependant, n'allez pas abuser de la bonté de Dieu, et accrochez-vous à mon manteau avec force, car il vous protégera réellement, et c'est purifiés que vous serez présentés au Seigneur », « Ma fille, c'est à cause **d'une minorité de bons** que beaucoup de méchants trouveront le salut. Par la prière, par la prière persévérante des véritables chrétiens, beaucoup seront sauvés. Telle est la raison de ma présence et la signification de mes messages qui sont, en définitive, la Parole du Seigneur ».

Répandre et vivre les messages

Notre-Dame invite à une large diffusion de ses appels : « Fais connaître ce que je te donne. Que celui qui veut croire, croie, et que celui qui veut entendre, entende. Celui qui reçoit mes paroles, reçoit le Seigneur, mais je constate l'arrogance chez certains », « Ne cherchez pas le repos nuit et jour, **il vous faut prêcher**. Ma fille, il faut lire mes messages sans se hâter afin qu'ils puissent être assimilés comme je le désire. Je veux guérir mes enfants de cette maladie **qu'est le matérialisme** : une maladie qui en fait souffrir beaucoup ».

« En ce temps où le poison du Malin semble tout contaminer, le Seigneur se manifeste, afin que le salut des âmes soit possible. Ses paroles risquent d'être inopérantes **si on les relègue, si elles ne se propagent pas.** Elles doivent être proclamées tout autour de la terre », « Gladys, les hommes sont en train de tomber dans une autodestruction progressive. C'est la raison pour laquelle il est nécessaire maintenant de diffuser les paroles de la Mère. Le Seigneur a marqué ce temps d'un signe : la Femme revêtue du soleil (Ap 12,1). Elle représente l'espérance à laquelle les enfants doivent s'accrocher. La Mère a posé son regard sur vous. A vous de poser votre regard et votre cœur en Dieu ».

La fin des messages : 25 janvier au 11 février 1990

Le 25 janvier 1990, la Vierge livre un message qui est un bel écho de son Magnificat : « Gladys, je parle à mes enfants pour leur demander : **Humilité.** Je vous demande l'humilité, parce que dans l'humilité vous serez agréable aux yeux de Dieu. Je vous demande l'humilité parce que le Seigneur aime les humbles et repousse les superbes. Ne résistez pas lorsqu'il s'agit d'être humbles. Suivez l'exemple du Christ Jésus. Gloire à Lui ! Lisez : « Des moqueurs, il se moque, mais aux humbles, il donne sa grâce » (Prov 3,34).

Le 2 février : « Voici ce que je dis à mes enfants : la grâce de Dieu est avec vous. La grâce du Fils, lumière du monde, est manifestée en sa Mère. Regardez le monde d'aujourd'hui : beaucoup sont sans mon Fils, ne reposent pas en son amour. Ma voix de Mère, **profondément anxieuse pour vous**, vous invite à suivre le Christ. Ne doutez pas. Allez vers sa lumière. Amen, Amen ! »

Le 3 février : « Je dis à tous tes frères : soyez fervents et constants dans la prière. **Offrez-la au Seigneur avec amour**, avec le cœur, avec votre souffrance. Rappelez-vous : de mon Cœur a jailli beaucoup d'amour et beaucoup de prière au Père qui est aux cieux. Gloire au Très Haut.

Lisez :' Le Seigneur a les yeux sur les justes et tend l'oreille à leur prière, mais le Seigneur détourne sa face de ceux qui font le mal ' (1 Pierre 3,12). Nombreux sont ceux qui ne prient pas, ils sont ennemis du Seigneur ».

Le 5 février : « Que votre réponse au Seigneur **soit une réponse d'amour**. Soyez sensible à l'amour de Dieu ».

Le 10 février : « Je dis à mes chers enfants : remerciez le Seigneur **à cause de la foi** que vous avez embrassée. Que l'espérance reste vivante dans vos cœurs, le Seigneur vous l'offre, soyez-en conscients. Il s'agit d'une richesse dont Dieu vous fait cadeau. Amen. Amen. Lisez : 'Gardons indéfectible **la confession de l'espérance**, car celui qui a promis est fidèle »

(Hébreux 10,23).

Le dernier message, le 11 février 1990, jour anniversaire de la première apparition de Lourdes (1858) :
« Mes chers enfants, je vous propose de suivre mes indications pas à pas : **priez, réparez, ayez confiance.**
Bénis soient ceux qui cherchent dans la prière un refuge pour leur âme.
Bénis soient ceux qui réparent les offenses graves que reçoit mon Fils.
Bénis soient ceux qui ont confiance en l'amour de la Mère.
Tous ceux qui auront confiance en Dieu et en Marie seront sauvés. Gloire à Dieu !

Prêche les Messages ! »

Une rapide synthèse

Dans un monde qui part à la dérive, Marie vient au secours de ses enfants. Elle choisit pour cela un peuple prêt à l'accueillir, celui de la petite ville de San Nicolas, en Argentine. Elle vient sous le signe de la Femme revêtue du soleil telle qu'elle apparaît au chapitre 12 de l'Apocalypse. Elle est en lutte contre Satan, le diviseur, comme l'avait prophétisé le livre de la Genèse : « Je mettrai une hostilité entre toi et la Femme...elle t'écrasera la tête et tu l'atteindras au talon » (Genèse 3, 15). Elle, que le Christ vient habiter comme la nouvelle Arche d'Alliance, elle vient restaurer cette Alliance et préparer la venue glorieuse du Christ. Elle vient en Mère, et c'est le titre qu'elle se donne constamment pour exprimer ses préoccupations et ses interventions familières. Car elle est, d'un même cœur, Mère du Christ et Mère des hommes, car elle est aussi l'Église : lieu de la présence du Christ parmi les hommes. Elle veut renouveler sa présence, méconnue des hommes, elle vient restaurer l'Alliance par la foi, l'espérance et l'accueil de l'amour du Christ. Les moyens qu'elle propose sont la conversion et la pénitence, la prière, spécialement le Rosaire, l'Eucharistie et l'amour fraternel. Elle affirme que Dieu est plus fort que tous les pièges de Satan et que l'on peut participer à sa victoire. Elle invite à se mettre sous la mouvance de l'Esprit. Au-delà des vicissitudes du présent, elle nous entraîne vers la Trinité-Amour, vers la lumière de l'Amour éternel qui ne passera jamais.

CONCLUSION

En conclusion de l'ensemble de ces manifestations, apparitions et "messages" reconnus par la Hiérarchie Catholique, nous devons peut-être nous rappeler quelques faits historiques ; l'étude de l'histoire est utile pour tirer les leçons du passé et nous enseigner pour l'avenir. Dans l'Ancienne Alliance, le mouvement prophétique a été très important, nul ne l'ignore : à titre d'exemple, nous pouvons évoquer le cas du prophète JEREMIE :

Vers **645 av. J.C. Jérémie** naissait d'une famille sacerdotale juive installée aux environs de Jérusalem. Appelé tout jeune par Dieu, il a vécu une période tragique de l'histoire d'Israël. En 597, Nabuchodonosor met le siège devant Jérusalem, dix ans plus tard Jérusalem est prise : le temple est profané puis détruit ; la partie de la population qui n'a pas été massacrée est déportée à Babylone pour un exil de cinquante longues années. Jérémie avait tenté de faire prendre conscience à Israël de ses péchés (cultes païens, sacrifices humains, injustices envers les pauvres...). Il avait averti, pleuré, menacé, mais en vain : **" Ils ne m'ont pas écouté, ils n'ont pas tendu l'oreille**, ils ont raidi leur nuque, ils ont été pires que leurs pères. Tu peux toujours parler, ils ne t'écouteront pas. Tu peux les interpeller, ils ne te répondront pas " (Jer 7-26). La prédication sans concession de Jérémie s'est heurtée à l'opposition des prêtres officiels de Jérusalem qui réclament sa mise à mort. Celui-ci doit stigmatiser les paroles iréniques des faux prophètes : " Ils pansent la blessure de la fille de mon peuple à la légère en disant : **'Tout va bien' alors que tout va mal**...(7,11) ; n'écoutez pas les paroles de ces prophètes, ils vous trompent, ils débitent les visions de leurs cœurs, rien qui vienne de la bouche du Seigneur" (23,16).

A partir de l'année 625, Jérémie a prêché la conversion à Israël pendant environ quarante ans ; hélas il a été peu écouté. La ruine de Jérusalem et la déportation du peuple en seront les conséquences.

JESUS lui-même va exercer ce rôle de prophète d'une manière majeure dans son long discours « eschatologique » précédent son arrestation et sa mort ; on peut les lire en Matthieu 24, 1 à 25, 46 et en Luc 21, 5-36 . Alors que ses disciples admiraient les magnifiques constructions du Temple, Jésus leur dit : « Vous voyez tout cela, n'est-ce pas ? En vérité je vous le dis, il ne restera pas ici pierre sur pierre, tout sera détruit « (Mt 24, 2). Ainsi était prophétisés la ruine de Jérusalem et la destruction du troisième Temple, l'orgueil du roi Hérode et de tout Israël : cette catastrophe se produira en l'année 70, lors de la prise de la ville par le général romain Titus. Dans ces mêmes discours, de manière inclusive, sont annoncées la fin des temps et la venue de Jésus dans la gloire (Mt 25,31).

En France, à la fin du 17° siècle, une humble religieuse de la Visitation de Paray Le Monial, Sainte Marguerite Marie, voulut transmettre au roi Louis XIV des messages du Seigneur. Elle ne fut pas écoutée et le règne se termina par une guerre ruineuse, celle de la Succession d'Espagne (1701-1713), ainsi que par bien des malheurs publics qui seront les prodromes de la Révolution de 1789.

Plus près de nous, il faut évoquer **l'apparition de LA SALETTE**. Le 19 septembre 1846, la Vierge Marie apparut à deux petits bergers Mélanie et Maximin, sur la montagne de la Salette, à 1.800 mètres d'altitude, un alpage au-dessus de Corps, dans les Alpes de Grenoble. Tout en parlant, la « Belle Dame » pleurait. Marie déplorait les injures diverses que les chrétiens adressaient à son Fils, la profanation du dimanche, le non respect du carême et elle annonçait de mauvaises récoltes à venir. Puis, elle transmis à Mélanie un **« secret »** avec charge de le publier en l'année 1858. L'existence de ce secret et son contenu ont fait l'objet à l'époque de violentes controverses, nous n'entrerons pas dans cette dispute. Il faut savoir que Mélanie écrivit son secret le 3 juillet 1851, au monastère de Corenc, en présence de deux témoins. Les trois pages, sous enveloppe scellée furent portées au Pape Pie IX qui en prit connaissance. La première publication publique se fit à Grenoble en 1872 avec la bénédiction du Pape Pie IX et les encouragements de plusieurs évêques et théologiens. Suivit en 1873, une autre publication avec l'imprimatur du Cardinal Archevêque de Naples. Enfin, en 1879, avec l'imprimatur de l'évêque de Lecce (Italie). Il est donc difficile, d'un point de vue catholique de mettre en doute **l'authenticité** de ce texte, et d'autant plus que la petite bergère de Corps, très peu instruite, ignorait à peu près tout des événements évoqués dans ce secret (même si l'on sait aujourd'hui qu'il y a eu plusieurs rédactions successives de ce « secret », avec des différences parfois notables).

Le caractère prophétique de ce « secret » semble évident et concerne la « fin des temps » : y sont évoqués les très graves désordres moraux qui affectent les sociétés et l'Église, de nombreuses guerres et calamités, la venue de « l'homme de péché », **l'Antichrist** : « *Les montagnes et la nature entière trembleront d'épouvante, parce que les désordres et les crimes des hommes perceront la voûte des cieux. Paris sera brûlé et Marseille englouti ; plusieurs grandes villes seront ébranlées et englouties par des tremblements de terre ; on croira que tout est perdu ; on ne verra qu'homicides, on n'entendra que bruits d'armes et de blasphèmes. Les justes souffriront beaucoup ; leurs prières, leurs pénitences et leurs larmes monteront jusqu'au Ciel, et tout le peuple de Dieu demandera pardon et miséricorde, et demandera mon aide et mon intercession* « .

On remarque que le 3° message d'Akita a été donné un 13 octobre (1973), ce qui semble le relier avec évidence au "message" de Fatima : **13 octobre 1917,** jour du grand miracle du soleil et dernier jour des six apparitions à Lucie, François et Jacinthe. Ces deux derniers ont été béatifiés par Jean-Paul II le 13 mai 2000 tandis que le contenu du "troisième secret" était révélé au monde.

On retrouve dans le message d'Akita, **cette note conditionnelle** que contenaient déjà les paroles de la Vierge Marie à Fatima : " **Si l'on fait ce que je vais vous dire**, beaucoup d'âmes se sauveront et on aura la paix. La guerre va finir (celle de 1914-18). Mais, si l'on ne cesse pas d'offenser Dieu, sous le règne de Pie XI commencera une autre, pire ".

Il faut avoir l'honnêteté de constater que l'appel à la conversion de Marie à Fatima n'a pas été vraiment entendu. La Sœur Lucie, 3° voyante, est décédée en avril 2005 quelques semaines après le pape Jean-Paul II. Elle lui écrivait le 12 mai 1982 : : **" Comme nous n'avons pas tenu compte de cet appel, nous constatons qu'il s'est réalisé "**....La Seconde Guerre mondiale a été déclenchée en septembre 1939, 22 ans après les faits de Fatima.

A Akita, nous sommes, semble-t-il, en présence d'une **nouvelle prophétie conditionnelle**, dont l'enjeu nous est clairement annoncé : l'anéantissement d'une partie de l'humanité par le "feu du ciel". Le feu qui est à craindre n'est sans doute pas similaire à celui de Sodome et Gomorrhe, mais plus probablement la menace d'un **"clash nucléaire"** généralisé. N'oublions pas que les puissances nucléaires mondiales détiennent au moins 15.000 têtes nucléaires (puissance 20 fois supérieure à celle d'Hiroshima). Les expressions **"colère de Dieu" et "châtiment"** sont dans le genre littéraire des prophètes : si nous connaissons les Saintes Écritures, nous constatons qu'en fait, **Dieu ne châtie personne**...c'est l'homme qui par sa violence se fait l'instrument de son propre châtiment pour lui et pour les autres. Enfin nul n'ignore qu'il y a aujourd'hui des "Etats-voyous proliférants" qui visent à détenir l'arme nucléaire.

Quant à l'état du monde actuel, il serait aventureux de vouloir l'apprécier dans son ensemble. Cependant, nous pouvons en avoir une idée qui a été clairement exprimée par le Pape Jean-Paul II lors de son pèlerinage à Fatima, **le 13 mai 1982**. Dans l'homélie du jour, il s'est exprimé ainsi : " Comment se présente aujourd'hui, devant la Mère du Fils de Dieu, dans son sanctuaire de Fatima, Jean-paul II, successeur de Pierre...Il se présente en relisant avec crainte cet appel maternel à la pénitence, à la conversion ; cet appel ardent du Cœur de Marie qui a retenti à Fatima il y a 65 ans. Oui, il le relit, la **crainte au cœur, car il voit tant d'hommes et tant de sociétés, tant de chrétiens, qui ont pris la direction opposée** à celle indiquée par le message de Fatima. Le péché a acquis un tel droit de cité dans le monde et la négation de Dieu est si répandue dans les idéologies, dans les conceptions et les programmes humains. C'est précisément pour cette raison que l'invitation évangélique à la prière et à la conversion, énoncée par les paroles de la Mère, est toujours actuelle. **Elle est encore plus actuelle qu'il y a 65 ans, et bien plus urgente ! ".**

Dans sa lettre encyclique « Dieu riche en miséricorde », le Pape s'exprime ainsi : « Comme les prophètes, faisons appel à l'aspect maternel de cet amour de Dieu qui, comme une mère suit chacun de ses fils, chacune des brebis perdues ; et cela même s'il y avait des millions d'égarés, même si dans le monde l'iniquité prévalait sur l'honnêteté, même si l'humanité contemporaine méritait pour ses péchés un nouveau **« déluge »,** comme le mérita jadis la génération de Noé ! Ayons recours à l'amour paternel que le Christ nous a révélé par sa mission messianique, et qui a atteint son sommet dans sa Croix, sa mort et sa résurrection ! » (n°15).

Quant à cette menace nucléaire, le Pape y a-t-il fait allusion lui-même ? On peut noter que lors de la Consécration du monde faite par lui, **le 8 décembre 1984**, il s'est exprimé ainsi : " O Cœur Immaculé de Marie ! Aide-nous à vaincre la menace du mal qui s'enracine si facilement dans le cœur des hommes d'aujourd'hui et, avec ses effets incommensurables, pèse déjà sur la vie actuelle et semble fermer les voies vers l'avenir ! De la faim et de la guerre, délivre-nous ! **De la guerre nucléaire**, d'une autodestruction incalculable, de toutes sortes de guerres, délivre-nous !...". Plus récemment, le **8 octobre de l'An 2000,** dans le renouvellement de cet acte de consécration à Marie, il écrit : " Aujourd'hui l'humanité possède des moyens de puissance inouïe : elle peut faire de ce monde un jardin, **ou le réduire à un amas de cendres"** De son coté, le **Cardinal Ratzinger**, qui est aujourd'hui Benoît XVI, écrit, à propos de "l'Ange à l'épée de feu" (image utilisée par Sœur Lucie à propos de Fatima) : " La perspective que le monde pourrait être englouti dans une mer de flammes n'apparaît absolument plus aujourd'hui comme une pure fantaisie : **l'homme a préparé lui-même l'épée de feu avec ses inventions "** (Commentaire théologique des faits de Fatima, mai 2000).

Lors de l'émission télévisée du 28 mars 2002, "Ils ont la bombe" (émission C dans l'air), quatre spécialistes de géopolitique et de stratégie ont évoqué ces menaces : en plus des cinq grandes puissances nucléaires, il faut aujourd'hui compter l'Inde, le Pakistan et très probablement Israël. De plus la Corée du Nord, l'Iran, l'Irak et la Libye développent des armes de destructions massives, notamment biologiques, avec l'espoir de posséder un jour l'arme nucléaire. Par ailleurs, 267 affaires de vente clandestine de matériaux fissibles ont été recensées après le démantèlement de l'URSS.

On peut se référer également à l'ouvrage « Les autoroutes du mal » de Jacques Bichot et Denis Lensel Presses de la Renaissance 2000

Nous avons déjà évoqué les avertissements sérieux donnés par la Vierge Marie lors des apparitions de Fatima : " **Si l'on fait ce que je demande,** beaucoup d'âmes se sauveront et on aura la paix. La guerre va finir. Mais, si l'on ne cesse pas d'offenser Dieu, sous le règne de Pie XI commencera une autre, pire. Si l'on écoute mes demandes, la Russie se convertira et on aura la paix. Sinon, elle répandra ses erreurs dans le monde provoquant des guerres et des persécutions contre l'Eglise " (13 juillet 1917). Mais qui dans l'Église et dans le monde a vraiment prêché le message de Fatima ? Quelques personnes isolées que l'on a traitées d'illuminés ! On estime aujourd'hui que la Seconde guerre mondiale a fait 50 millions de morts et le communisme international environ 80 millions, dont probablement des millions de martyrs de la foi (orthodoxes, catholiques, évangélistes, juifs). Ceux qui sont restés muets portent une responsabilité écrasante !

Le Pape Jean-Paul II, dans la conclusion de sa magnifique lettre encyclique : "Dieu riche en Miséricorde" (1980), lance un appel pathétique aux croyants pour qu'ils implorent la Miséricorde de Dieu :

"A aucun moment ni en aucune période de l'histoire – surtout à une époque aussi critique que la nôtre – l'Église ne peut oublier la prière qui est un **cri d'appel à la Miséricorde de Dieu** face aux multiples formes de mal qui pèsent sur l'humanité et la menacent…L'Église a le droit et le devoir de faire appel au Dieu de la Miséricorde **"avec de grands cris"** (He 5,7). Ces "grands cris" doivent caractériser l'Église de notre temps; ils doivent être adressés à Dieu pour implorer sa Miséricorde, dont l'Église professe et proclame que la manifestation certaine est advenue en Jésus-Christ crucifié et ressuscité, c'est-à-dire dans le Mystère pascal.

Elevons nos supplications, guidés par la foi, l'espérance et charité, que le Christ a implantées dans nos cœurs ! Cette attitude est Amour de Dieu, dont nous ressentons profondément combien l'homme contemporain l'offense et le refuse, ce pourquoi nous sommes prêts à crier comme le Christ en Croix : **"Père, pardonne-leur, ils ne savent pas ce qu'ils font"**…Au nom de Jésus-Christ crucifié et ressuscité, dans l'esprit de sa mission messianique toujours présente dans l'histoire de l'humanité, nous élevons notre voix et nos supplications pour que se révèle encore une fois, à cette étape de l'histoire, l'Amour qui est dans le Père; pour que, par l'action du Fils et du Saint-Esprit, il manifeste sa présence dans notre monde contemporain, **plus fort que le**

mal, plus fort que le péché et que la mort.

Nous supplions par l'intermédiaire de Celle, la Vierge Marie, qui ne cesse de proclamer "la Miséricorde de génération en génération", et aussi de ceux qui ont déjà vu s'accomplir totalement en eux les paroles du Sermon sur la montagne: "Bienheureux les miséricordieux, car ils obtiendront miséricorde"(n°15).

Une annonce renouvelée de la Miséricorde, seule remède aux maux de notre temps : le message de Sainte Faustine Kowalska (1905-1938), canonisée par Jean-Paul II, le 30 avril 2000

Hélène Kowalska est née le 25 août 1905, à Glogowice, en Pologne, d'une pauvre famille d'agriculteurs. Très peu instruite, elle entrera difficilement chez les Sœurs de la Miséricorde qui secourent les jeunes filles en difficulté. Restée sœur converse, elle travaillera à la cuisine, au jardin, à la porcherie. Encore jeune, elle tombe gravement malade et endure avec un courage remarquable les souffrances de la tuberculose, qui finit par l'emporter en 1938, à l'âge de 33 ans.

Très jeune, elle aura des manifestations du Christ et de la Vierge Marie. Sa vie mystique reste cachée aux yeux du monde ; par obéissance, elle écrit son **« Petit Journal »,** qui nous fait connaître les secrets de cette âme animée d'un profond amour de Dieu et du prochain. Jésus lui-même définit la vocation de Sœur Faustine : faire connaître aux hommes **la profondeur de sa Miséricorde** et, par la confiance, attirer à son Cœur toutes les âmes, surtout celles des pécheurs les plus endurcis.

Le Pape Jean-Paul II la sortit de l'oubli : canonisée, elle est la première « sainte » du Troisième Millénaire. Jésus lui avait dit : **« Tu es la secrétaire de ma Miséricorde »**. Dans l'homélie de la messe de la canonisation, le Pape s'exprime ainsi : « Jésus dit à sœur Faustine ' **L'humanité n'aura de paix que lorsqu'elle s'adressera avec confiance à la Divine Miséricorde'**. A travers l'œuvre de la religieuse polonaise, ce message s'est lié à jamais au vingtième siècle, dernier du second millénaire et pont vers le troisième millénaire . Il ne s'agit pas d'un message nouveau, mais on peut le considérer comme un don d'illumination particulière, qui nous aide à revivre plus intensément l'Évangile de Pâques, pour offrir comme un rayon de lumière aux hommes et aux femmes de notre temps ».

Dans son Journal, Sainte Faustine a noté les paroles suivantes de Jésus : « Je veux répandre mes grâces inconcevables sur les âmes qui ont confiance en ma Miséricorde. Qu'elles s'approchent de cet océan de miséricorde avec une très grande confiance. Les pécheurs obtiendront justification et les justes seront affermis dans le bien. Les grâces de ma Miséricorde se puisent à l'aide d'un unique moyen, et c'est la confiance. Plus la confiance est grande, plus l'âme reçoit ».

Ce même jour, le Pape Jean-Paul a institué le 2° dimanche de Pâques comme « Fête de la Miséricorde » pour toute l'Église universelle. Le tableau de « Jésus Miséricordieux » demandé par le Christ à Sœur Faustine se trouvait alors sur la place Saint-Pierre. Le Christ lui avait dit : « Je désire que cette image **soit honorée d'abord dans cette chapelle, puis dans le monde entier** ». Enfin, il lui enseigna le Chapelet de la Miséricorde ainsi qu'une Neuvaine de prière à la Miséricorde Divine.

Comment pouvons-nous « recevoir » ces conclusions ? Il semble que plusieurs attitudes soient possibles :

Une réaction de **rejet** : je ne veux pas croire à ces prétendues révélations ! Il y a toujours eu des « prophètes de malheur »…cela n'a pas empêché le monde de tourner ! Mais comme le dit le Cardinal Ratzinger : « Dans les révélations privées reconnues par l'Église, il s'agit de ceci : nous aider à **comprendre les signes des temps** et à trouver pour eux la juste réponse de la foi » (Dossier Fatima).

Une réaction de **peur et de découragement** : c'est celle d'un certain fatalisme…puisque « c'est écrit », il n'y a plus rien à faire qu'à attendre que ces événements se produisent. Mais Jésus disait à ses apôtres : « Que votre cœur cesse de se troubler ! Croyez en Dieu, croyez aussi en moi » (Jn 14,1). Et le Bienheureux Pape Jean-Paul II, a inauguré son pontificat en disant : **« N'ayez pas peur, ouvrez toutes grandes les portes à Jésus-Christ ! »**.

Il y a donc une attitude juste à adopter avec **discernement et dans l'espérance** : « L'aspect de la terre et du ciel, vous savez le juger ; mais le temps où nous sommes, pourquoi ne savez-vous pas le juger ? » (Lc 12,56), et l'Apôtre nous exhorte : « N'éteignez pas l'Esprit, ne méprisez pas les prophéties, mais discernez la valeur de toute chose, ce qui est bien gardez-le » (1 Th 5,19). « Lorsque cela commencera d'arriver, **redressez-vous et relevez la tête**, car votre délivrance est proche » (Lc 21,28). Un élément essentiel du discernement est la « concordance des signes », ce qui semble bien être le cas.

Certes, il y a des signes de l'ampleur du Mal dans nos sociétés, mais il y a aussi des **signes d'espérance** : la vitalité de l'Église engagée dans une nouvelle évangélisation, son développement rapide dans l'hémisphère sud, en particulier en Asie et en Afrique, associé à un nombre impressionnant de martyrs : dans la dernière décennie du 20° siècle, plus de trois cents agents pastoraux, prêtres, religieuses, laïcs, ont été assassinés en raison de leur foi (également les persécutions et les massacres de nombreux chrétiens dans plusieurs pays du monde). Il faudrait évoquer aussi les fruits portés par les **communautés nouvelles, les mouvements ecclésiaux,** les nouvelles méthodes d'évangélisation, comme les cellules paroissiales d'évangélisation et les cours Alpha, **l'adoration perpétuelle** instituée dans les communautés et les paroisses.

C'est sans doute un des paradoxes de notre société : d'une part, on constate qu'il y a un indéniable progrès dans une certaine **conscience universelle du bien** : valeur de solidarité, de tolérance, souci des droits de l'homme...et en même temps, on constate un mépris de l'homme et de sa vie qui semble croître aux quatre coins du monde : tortures, génocides, exploitation des plus faibles (sexuelle, notamment), avortement légalisé, spirales de la violence, intolérance religieuse, régimes politiques totalitaires, règne tout-puissant des puissances financières anonymes, etc...Sans doute faut-il que les baptisés et les hommes de bonne volonté qui se sentent un peu plus responsables, comprennent ces paroles : « Que le pécheur pèche encore, et que l'homme souillé se souille encore ; que l'homme de bien vive encore dans le bien, et que **le saint se sanctifie encore** » (Ap 22,11). « Sois sans crainte, petit troupeau, car il a plu à votre Père de vous donner le Royaume » (Lc 12,32). Alors, à cause de la fidélité de ce petit reste, le Père fera miséricorde à beaucoup « comme à travers le feu » (1 Cor 3,15).

A ceux qui viennent lui rapporter le massacre des Galiléens par Pilate, Jésus répond de manière abrupte : « Je vous le dis, **si vous ne vous convertissez pas**, vous périrez tous » (Lc 13,5) et à ceux qui lui demande curieusement : « Seigneur, est-ce le petit nombre qui sera sauvé ? », Jésus répond : « **Efforcez-vous d'entrer par la porte étroite**, car beaucoup, je vous le dis, chercheront à entrer et n'y parviendront pas » (Lc 13, 23-24). Cela ne doit pas être interprété dans un sens janséniste, celui du petit nombre des sauvés, car « Dieu veut que tous les hommes soient sauvés » (1 Tim 2,4). Mais c'est une invitation pressante à la **conversion et à l'évangélisation** de nos frères proches et lointains. La victoire de l'Agneau sur toutes les forces du Mal est acquise depuis deux mille ans, mais encore faut-il que chaque âme entre personnellement dans ce salut en Jésus-Christ mort et ressuscité pour tout homme, et accueille le don de sa Miséricorde : « Voici qu'apparut à mes yeux **une foule immense**, impossible à dénombrer, de toute nation, race, peuple et langue ; ils se tiennent debout devant le trône et devant l'Agneau » (Ap 7,9).

Écoutons le Pape Jean-Paul, dans son homélie du 31 décembre 2001, au seuil de la nouvelle année. Il s'exprime ainsi :

« *Seigneur, est-ce le moment ?* ' *Combien de fois l'homme se pose-t-il cette question, en particulier dans les moments dramatiques de l'histoire ! Il existe en lui un vif désir de connaître le sens et la dynamique des événements individuels et communautaires dans lesquels il se trouve impliqué.* **Il voudrait savoir 'avant' ce qui se passera 'ensuite',** *de façon à ne pas être pris au dépourvu. Les Apôtres eux aussi ne se sont pas montrés insensibles à ce désir. Cependant, Jésus n'a jamais accepté cette curiosité. Lorsque cette question lui a été posée, Il a répondu que seul le Père céleste connaît et rythme les temps et les moments (Act 1,7). Mais, Il a ajouté :* **« Vous allez recevoir une force, celle de l'Esprit-Saint qui descendra sur vous. Vous serez alors mes témoins ...jusqu'aux extrémités de la terre (Act 1,8) ».**

Jésus nous exhorte à ne pas enquêter inutilement sur ce qui est réservé à Dieu – qui est précisément le cours des événements - **mais à utiliser le temps dont chacun dispose** *- le présent – en agissant avec un amour filial pour la diffusion de l'Évangile en chaque lieu de la planète. Cette réflexion est plus que jamais opportune également pour nous, au terme d'une année et à quelques heures du début de l'année nouvelle* ».

Quant à la Parousie du Seigneur, son Avènement en gloire, retenons ce que Jésus a dit à ses apôtres : « **Quant à la date de ce jour et à l'heure, personne ne les connaît, ni les anges, ni le Fils, personne que le Père** » (Mt 24,36). Attention à ceux qui voudraient être trop précis, il y en a eu beaucoup dans l'histoire...ils se sont trompés ! Ce que nous pouvons penser raisonnablement, c'est qu'il ne s'écoulera sans doute pas des millénaires avant ce deuxième Avènement de Jésus, peut-être quelques siècles seulement. Mais ce n'est qu'une opinion ! Et l'on peut avoir d'excellentes raisons de ne pas la partager !

L'Écriture Sainte donne trois « signes » de ce deuxième Avènement (Mt 25,31) :

1/ la Bonne Nouvelle du Royaume aura été proclamée dans le monde entier (Mt 24,14). On peut penser qu'il y a eu des missionnaires chrétiens dans à peu près tous les pays du monde. Par les médias et les voyages du Bx Jean-Paul II, le nom de Jésus-Sauveur a été proclamé universellement.

2/ une apostasie quasi généralisée et la venue de l'Homme Impie, l'Anti-Christ (2 Th 2,3). Cette apostasie est largement réalisée dans les pays de vieille chrétienté ; cependant, l'Anti-Christ ,n'est pas encore venue, du moins en tant que personne.

3/ la conversion du peuple juif (Rom 11,25). Le rassemblement des juifs en terre de Palestine en est peut-être un signe avant-coureur...il n'est pas interdit de l'espérer !

« Tenez-vous prêts vous aussi, car c'est à l'heure que vous ne pensez pas que le Fils de l'homme viendra ; **veillez donc** car vous ne savez ni le jour ni l'heure » (Mt 24,44 et 25,13).

« Lorsque cela commencera d'arriver, **redressez-vous et relever la tête,** car votre délivrance est proche » (Lc 21,28).

Oui, vivons **dans l'espérance et réjouissons-nous** car l'Agneau Ressuscité est déjà vainqueur de tout mal, de tout péché, de toute mort. Unis à Lui, nous participons déjà à sa Résurrection !

C'est en nous enracinant chaque jour un peu plus dans la prière que l'Esprit-Saint nous fera connaître ce que nous devons savoir en temps opportun. Jésus, en conclusion du Sermon sur la montagne (Mt, chap ; 5,6 et 7) disait : **« Ce ne sont pas ceux qui me disent 'Seigneur, Seigneur', qui entreront dans le Royaume des cieux, mais ceux qui font la volonté de mon Père »(Mt 7,21)**. Attachons-nous donc en priorité à notre **devoir d'état**, faisons de cette volonté du Père « notre nourriture » (Jn 4,34) ; nourrissons notre âme immortelle **de la Parole de Dieu et de l'Eucharistie.**

Dans un lieu de pèlerinage non encore reconnu, la Vierge Marie donne cinq **« consignes »** que nous pouvons faire nôtre, car elles sont un simple rappel de la doctrine constante de l'Église : méditer chaque jour la Parole de Dieu, nous nourrir de l'Eucharistie chaque dimanche et si possible en semaine, jeûner au moins une fois par semaine au pain et à l'eau, prier notre chapelet, recevoir le sacrement de réconciliation une fois par mois. Mais il n'est pas nécessaire de courir tous les lieux de pèlerinage reconnus ou non, d'être à l'affût du moindre « message du ciel » ; il peut y avoir beaucoup de curiosité et d'illusion dans ces attitudes !

Nous pourrions y ajouter **l'urgence d'évangéliser** nos frères proches ; le Bx Jean-Paul II nous y a appelés avec insistance : **« La tâche prioritaire de la mission est d'annoncer que c'est dans le Christ, 'le Chemin, la Vérité et la Vie' (Jn 14,6) que les hommes trouveront le salut »** (Au début du Troisième Millénaire, n° 54 à 59).

Il a fallu des siècles de décadence à l'Empire Romain pour disparaître...En 410, Rome tombe aux mains des Wisigoths d'Alaric ; **en 476,** Odoacre détrône Romulus Augustule, le dernier empereur romain d'Occident. C'est dans les années **50** que l'Apôtre Pierre écrit aux premières communautés chrétiennes : « Voici un point, très chers, que vous ne devez pas ignorer : c'est que devant le Seigneur, **un jour est comme mille ans et mille ans comme un jour.** Le Seigneur ne retarde pas l'accomplissement de ce qu'il a promis, comme certains l'accusent de retard, mais il use de patience envers vous, **voulant que personne ne périsse**, mais que tous arrive au repentir ». Et le livre de la Sagesse enseignait déjà à Israël : « Seigneur, tu as pitié de tous, parce que tu peux tout ; tu fermes les yeux sur les péchés des hommes, **pour qu'ils se repentent**. Oui, tu aimes tous les êtres, et n'a de dégoût pour rien de ce que tu as fait « (Sag 11,23-24).

    Enfin, écoutons la voix de la Vierge Marie, à La Salette : *« J'adresse un pressant appel à la terre. J'appelle les vrais disciples du Dieu vivant et régnant dans les cieux. J'appelle les vrais imitateurs du Christ fait homme, le seul et vrai Sauveur des hommes ; j'appelle mes enfants, mes vrais dévots, ceux qui se sont donnés à moi pour que je les conduise à mon divin Fils, ceux que je porte pour ainsi dire dans mes bras, ceux qui ont vécu de mon esprit. Enfin, j'appelle les apôtres des derniers temps, les fidèles disciples de Jésus-Christ qui ont vécu dans le mépris du monde et d'eux-mêmes, dans la pauvreté et dans l'humilité, dans le mépris et dans le silence, dans l'oraison et dans la mortification, dans la chasteté et dans l'union avec Dieu, dans la souffrance et inconnu du monde. Il est temps qu'ils sortent et viennent éclairer la terre. Allez, et montrez-vous comme mes enfants chéris ; je suis avec vous et en vous, pourvu que votre foi soit la lumière qui vous éclaire dans ces jours de malheurs. Que votre zèle vous rende comme des affamés pour la gloire et l'honneur de Jésus-Christ.* **Combattez, enfants de lumière, vous, petit nombre qui y voyez, car voici le temps des temps, la fin des fins ».**

« A la fin, mon Cœur Immaculé triomphera » Fatima, 13 juillet 1917

EN CE DÉBUT D'ANNÉE 2013…

En ce début d'année 2013, nous avons passé la date soi-disant fatidique du 21 décembre 2012 ! L'apôtre saint Jean, à la fin du 1° siècle et au soir de sa vie, écrivait : « Déjà maintenant, beaucoup d'antichrists sont survenus ; à quoi nous reconnaissons que la dernière heure est là. Ils sont sortis de chez nous mais ils n'étaient pas des nôtres » 1 Jean 2, 18-19. Il y a prolifération de faux prophètes, religieux ou politiques, gourous, manipulateurs des libertés et des consciences ; mais il y aussi de vrais prophètes suscités par l'Esprit-Saint pour nous aider à comprendre les temps que nous vivons. C'est le cas de nombreux pasteurs de l'Eglise catholique, le Bx Jean-Paul II et le Pape Benoit XVI en tête. Ecoutons-les et méditons leurs enseignements toujours forts et actuels.

D'autres apparitions de la Vierge Marie, non encore reconnues, peuvent retenir notre attention par la cohérence des paroles données et des fruits portés. Les apparitions de **Garabandal (Espagne 1961-67)**, malgré l'avis négatif de l'évêque de Santander, à l'époque, ont toutes les marques de l'authenticité. Aujourd'hui l'évêché de Santander a remis à l'étude les faits qui se sont passés dans cet humble village de San Sebastian de Garabandal (consulter le site internet). Le message délivré par les quatre adolescentes se résume à **trois prophéties** : 1/ Un **Avertissement** sera donné au monde sous la forme d'une lumière intense de l'Esprit-Saint donnée à tout homme à l'intérieur de son âme. Cette lumière de vérité et d'amour miséricordieux aura pour but de faire prendre conscience à tout homme de l'état de péché de son âme ; ainsi tout homme pourra prendre conscience de son péché et s'en remettre, s'il le veut bien, à la miséricorde de Dieu. 2/ L'annonce **d'un grand Miracle** qui laissera un trace visible et durable au lieu où il se produira. 3/ Si les hommes ne se convertissent pas à la suite de l'Avertissement et du grand Miracle, il y aura un **châtiment** qui détruira toutes les œuvres de péché des hommes (châtiment qui est donc conditionnel et déjà annoncé à Akita). Si nous ne sommes pas complètement aveugles, nous pouvons constater de ce « châtiment » est déjà en cours, à la suite de l'apostasie de la plupart et des œuvres de péché qui en sont les conséquences.

On peut parler aussi des faits qui se produisent dans ce village de Bosnie-Herzégovine, **Medjugorge**, depuis 1961.

La Vierge Marie délivre régulièrement des messages aux six voyants, notamment chaque 25 du mois à Vicka (voir le site : les enfants de medjugorge.com).

A titre d'exemple, lors du festival des jeunes en août 2012, il y avait plus de 20.000 participants, de 65 pays du monde, y compris la Chine. Les prêtres, lors de la messe de clôture étaient 590 à concélébrer !

Beaucoup d'autre baptisés, le plus souvent des laïcs, reçoivent un charisme de prophétie qu'ils exercent sous la forme de messages délivrés au monde : parmi les plus crédibles, on peut citer Micheline Boisvert, au Canada (cœur daccueil de jesus) **; Vassula Ryden, grecque orthoxe et les messages de la « Vraie Vie en Dieu »** (vassula.org)**. Le charisme prophétique de Maria Valtorta, mystique italienne qui nous a donné la belle fresque « L'Evangile tel qu'il m'a été révélé ». On peut citer également Mme Axelle Mouret et les messages « Aime-les Tous »** (Le Parvis)**. Ces informations ne préjugent pas du jugement définitif de l'Eglise sur ces manifestations.**

ANNEXES

Un texte du Cardinal JOURNET

Le Cardinal Charles Journet écrit : " La première des sept paroles du Christ en Croix est rapportée dans St Luc : **"Père, pardonne-leur, ils ne savent pas ce qu'ils font !"** (Lc 23,34). Jésus, un peu avant d'être mis en Croix, a fait entrevoir l'abîme de l'injustice des hommes. Les châtiments qu'elle déclenche sont effrayants. "Il était suivi d'une grande foule de peuple, et de femmes qui se frappaient la poitrine et se lamentaient sur lui. S'étant tourné vers elles, Jésus dit : "Filles de Jérusalem, ne pleurez pas sur moi ! Pleurez plutôt sur vous-mêmes et sur vos enfants. Car voici que viendront des jours où l'on dira : Heureuses les stériles, les entrailles qui n'ont pas enfanté, les mamelles qui n'ont pas nourri ! Alors, ils se mettront à dire aux montagnes : Tombez sur nous ! et aux collines : Cachez-nous ! Car si l'on traite ainsi le bois vert qu'en sera-t-il du bois sec ? " (Lc 23, 27-31).

Le bois vert, c'est le rameau sorti de la souche de Jessé, sur qui repose l'Esprit de Yahvé. Les jours terribles, ce sont les jours de châtiment. Ils s'engouffrent par moment dans l'histoire, tels des marées, et alors, comme au temps de la ruine de Samarie, les hommes crient aux montagnes : Couvrez-nous ! et aux collines : Tombez sur nous ! A la fin, ils engloutiront le monde. Si le pardon de Dieu vient – et il viendra merveilleusement à cause de Jésus – ce ne sera pas avant tout pour empêcher l'injustice du monde de fructifier en catastrophes, ce sera avant tout pour sauver, au sein même de ces catastrophes aveugles, la **destinée suprême des âmes**. Au temps du déluge, "quand la patience de Dieu se prolongeait", ce n'était plus pour arrêter la montée des eaux, c'était déjà pour sauver ces esprits jusqu'alors incrédules, mais enfin désabusés auxquels l'âme même du Christ, au soir de Vendredi Saint, descendra par son contact apporter la délivrance et donner la vision béatifique ". (Les Sept Paroles du Christ en Croix, Seuil).

Deux textes de Sainte Catherine de Sienne

Sainte Catherine, devant la crise grave que traversaient l'Église et la société de son temps, s'écriait : « Seigneur, que puis-je faire ? ». Et le Seigneur de lui répondre : « Offre de nouveau ta vie pour l'Église, c'est pour ce service que je t'ai choisie, toi et ceux qui te suivront. Prends tes sueurs, prends tes larmes, **puise-les à la source de ma divine charité** ; avec elle, en union avec mes autres serviteurs, lave la face de mon Épouse. Je te promets que ce remède lui rendra sa beauté. Ce n'est ni le glaive, ni la guerre, ni la violence qui lui rendront sa beauté, mais la paix, la prière humble et persévérante, les sueurs et les larmes répandues avec un désir ardent par mes serviteurs. « Oui, je satisferai tes désirs, j'éclairerai avec la lumière de ta patience les ténèbres des pécheurs ».

Dialogue chap. XV

« Hélas, doux agneau immaculé, tu étais mort quand ton coté fut ouvert, pourquoi donc as-tu voulu que ton Cœur fut frappé et transpercé ?...- J'avais plusieurs raisons, mais je vais te dire la principale. **C'est que mon désir du genre humain était infini**, alors que les tourments et les souffrances que j'endurais étaient finis. Aussi n'est-ce point avec ce qui était fini que je pouvais vous montrer tout l'amour que j'avais pour vous, puisque mon amour était infini. Je voulus donc en vous montrant mon coté ouvert, que vous voyiez le secret du cœur, afin que vous compreniez que j'aimais beaucoup plus que je ne pouvais le montrer avec ma souffrance finie ».

Dialogue chap. LLXXV

Homélie de Paul VI à Manille (Philippines), le 29 novembre 1970

Malheur à moi si je n'annonçais pas l'Évangile ! Car c'est par lui, par le Christ lui-même que j'ai été envoyé pour cela. Je suis apôtre, je suis témoin. Plus le but est éloigné, plus la mission est difficile, *plus est vif l'amour qui nous pousse*. Je dois proclamer son Nom : *Jésus est le Christ, le Fils du Dieu vivant*. C'est lui qui nous a révélé le Dieu invisible, c'est lui qui est *le premier né de toute créature*, c'est en lui que tout subsiste. Il est le Maître de l'humanité et son Rédempteur. Il est né, il est mort, il est ressuscité pour nous.

Il est le centre de l'histoire du monde ; il nous connaît et nous aime ; il est le compagnon et l'ami de notre vie, l'homme de la douleur et de l'espérance ; c'est lui qui doit venir, qui sera finalement notre juge et aussi, nous en avons la confiance, notre vie plénière et notre Béatitude. Je n'en finirai jamais de parler de lui ; il est la lumière, il est la vérité ; bien plus, **il est le Chemin, la Vérité et la Vie**. Il est le pain, la source d'eau vive qui comble notre faim et notre soif. Il est notre berger, notre chef, notre modèle, notre réconfort, notre frère. Comme nous et plus que nous, il a été petit, pauvre, humilié, travailleur, opprimé, souffrant. C'est pour nous qu'il a parlé, accompli ses miracles, fondé un Royaume nouveau où les pauvres sont bienheureux, où la pais est le principe de le vie commune, où ceux qui ont le cœur pur et ceux qui pleurent sont relevés et consolés, où les affamés de justice sont rassasiés, où les pécheurs peuvent obtenir le pardon, où tous découvrent qu'ils sont frères.

Voilà Jésus-Christ dont vous avez au moins entendu parler et déjà certainement pour la plupart, à qui vous appartenez puisque vous êtes chrétiens. C'est donc à vous chrétiens que je répète son nom, **mais je l'annonce aussi à tous les hommes** : le Christ Jésus est le Principe et la fin, l'Alpha et l'Oméga, le Roi du monde nouveau, l'explication mystérieuse et ultime de l'histoire humaine et de notre destinée ; il est le Médiateur et pour ainsi dire le Pont entre la terre et le ciel. Il est, de la façon la plus haute et la plus parfaite, le Fils de l'homme, parce qu'il est le Fils de Dieu, éternel, infini, et il est le fils de marie, bénie entre toutes les femmes, sa Mère selon la chair, notre mère par notre participation à l'Esprit du Corps mystique.

Jésus-Christ, souvenez-vous ! C'est lui que nous proclamons devant vous pour le temps et l'éternité ; nous voulons que son Nom résonne jusqu'au bout du monde et pour tous les siècles des siècles !

Discours du Bx Pape Jean-Paul II aux Mouvements ecclésiaux et Communautés nouvelles
ROME, 30 mai 1998, Fête de la Pentecôte

Bien Chers Frères et Sœurs,
« Alors, ils furent tous remplis de l'Esprit-saint ! .»
Par ces paroles, les Actes des Apôtres nous introduisent au cœur de l'événement de la Pentecôte. Ils nous présentent les disciples qui, réunis avec Marie au cénacle, reçoivent le don de l'Esprit-Saint. Ainsi se réalise la promesse de Jésus et commence le temps de l'Église. A partir de cet instant, le vent de l'Esprit conduira les disciples du Christ jusqu'aux extrémités de la terre. Il les mènera jusqu'au martyre pour rendre un témoignage intrépide à l'Évangile. C'est comme si ce qui s'est passé à Jérusalem il y a deux mille ans se renouvelait sur cette Place (Saint-Pierre), centre du monde chrétien. Comme alors les Apôtres, nous nous trouvons nous aussi rassemblés en un grand cénacle de Pentecôte, aspirant à l'effusion de l'Esprit...

Nous vivons aujourd'hui un événement inédit : pour la première fois, les nouveaux mouvements et les communautés ecclésiales nouvelles se retrouvent tous ensemble avec le Pape. **C'est le grand témoignage commun que j'ai souhaité** pour l'année qui, sur la route de l'Église vers le Grand Jubilé, est consacré à l'Esprit-Saint. L'Esprit-Saint est ici avec nous !...

A l'Église, qui selon les Pères, est le lieu où « fleurit l'Esprit », le Consolateur a donné récemment avec le Concile Vatican II, une nouvelle Pentecôte, suscitant un dynamisme nouveau et imprévu... **L'aspect institutionnel et l'aspect charismatique** (Lumen Gentium, n°12) **sont co-essentiels** à la constitution de l'Église et concourent, même si c'est de manière diverse, à sa vie, à son renouveau et à la sanctification du Peuple de Dieu. C'est à partir de cette découverte providentielle de la dimension charismatique de l'Église que, avant et après le Concile, s'est affirmé une ligne singulière de développement **des mouvements ecclésiaux et des communautés nouvelles…**

Dans notre monde, souvent dominé par une culture sécularisée qui suscite et met en vedette des modèles de vie sans Dieu, la foi de beaucoup est mise à dure épreuve et, souvent, étouffée ou éteinte. On ressent donc avec urgence la nécessité d'une annonce forte et d'une formation chrétienne solide et approfondie. Comme nous avons besoin aujourd'hui de personnes chrétiennes mûres, conscientes de leur identité baptismale, de leur vocation et de leur mission dans l'Église et dans le monde ! Comme nous avons besoin de communautés chrétiennes vivantes ! Et alors, voici les Mouvements et les Communautés ecclésiales nouvelles : **ils sont la réponse, suscitée par l'Esprit-Saint, à ce dramatique défi de la fin de ce millénaire. Vous êtes cette réponse providentielle….**

Jésus a dit : « Je suis venu apporter un feu sur la terre, et comme je voudrais qu'il soit déjà allumé » (Lc 12, 49). Alors que l'Église se prépare à passer le seuil du troisième millénaire, accueillons l'invitation du Seigneur, pour que le feu flambe dans notre cœur et dans celui de nos frères. Aujourd'hui, une grande prière s'élève de ce cénacle de la Place Saint-Pierre : **Viens Esprit-saint, viens et renouvelle la face de la terre !**

(200.000 membres des Mouvements et Communautés nouvelles assistaient à ce rassemblement, invités par le Pape. Texte complet de ce discours dans la Documentation Catholique du 5 juillet 1998.).

BIBLIOGRAPHIE

A propos des manifestations mariales

Les apparitions d'Akita, Japon Père Teiji Yasuda	Éditions du Parvis
Les apparitions de Kibeho Père Gilbert Maindron	F. X. de Guibert 1984
Les faits mystérieux de l'Île Bouchard	Brochure par Mgr Robert Fiot 1951
Les événements de l'Île Bouchard Père Bernard Peyrous	Éditions de l'Emmanuel 1997
Lucie raconte Fatima	Manuscrits autobiographiques de Sœur Lucie DDB 1984
François et Jacinthe de Fatima Jean-François de Louvencourt Emmanuel 2010	
Histoire simple des Larmes de la Vierge de Syracuse Père Giuseppe Bruno	Sanctuaire de Syracuse 1998
La Bergère de Notre-Dame de La Salette Mgr Antonio Galli	Association Les Enfants de La Salette 1996
Découverte du secret de La Salette René Laurentin Michel Corteville Fayard 2002	
Les Messages de la Dame de tous les Peuples (Amsterdam)	Myriam Verlag Ed. du Parvis
Les Expériences Eucharistiques (Amsterdam, 2° partie)	Myriam Verlag Ed. du Parvis
Un appel de Marie en Argentine Père René Laurentin	Éditions OEIL
Petit Journal Sainte Faustine Kowalska	Éditions Hovine 1985
Neuvaine à Jésus Miséricordieux Brochure	Éditions du Parvis
La Miséricorde Divine Nicolas Journé Saint-Paul 2002	

L'Icône du Christ Miséricordieux Maria Winovska Saint-Paul	
Saint Louis-Marie Grignon de Montfort Œuvres complètes Seuil 1966	
Ils ont vu Marie Vincent Delannoy L'Oeuvre 2011	
Les apparitions de Garabandal	Editions Resiac F 53150 Montsurs

Sur les problèmes de société

Le goût de l'avenir Jean-Claude Guillebaud	Seuil 2003
Les Autoroutes du Mal Jacques Bichot	Presses de la Renaissance 2002
La Face cachée de l'ONU Michel Schooyans	Le Sarment 2000
L'Évangile face au désordre mondial Michel Schooyans	Fayard 1997
Les nations suicidaires Jean-Yves Laulan	F.X. de Guibert
France, qu'as-tu fait de ton baptême ? Bx Jean-Paul II 1980	

Table des Matières

PRÉFACE 3

LES ÉVÈNEMENTS DE L'ÎLE BOUCHARD 7

LA VIERGE AUX LARMES DE SYRACUSE 17

LES APPARITIONS DE KIBEHO 21

LES APPARITIONS D'AMSTERDAM 28

LES ÉVÈNEMENTS D'AKITA 38

LES APPARITIONS DE SAN NICOLAS 54

CONCLUSION 65

EN CE DÉBUT D'ANNÉE 2013 76

i want morebooks!

Buy your books fast and straightforward online - at one of world's fastest growing online book stores! Environmentally sound due to Print-on-Demand technologies.

Buy your books online at

www.get-morebooks.com

Achetez vos livres en ligne, vite et bien, sur l'une des librairies en ligne les plus performantes au monde!
En protégeant nos ressources et notre environnement grâce à l'impression à la demande.

La librairie en ligne pour acheter plus vite

www.morebooks.fr

VDM Verlagsservicegesellschaft mbH
Heinrich-Böcking-Str. 6-8   Telefon: +49 681 3720 174   info@vdm-vsg.de
D - 66121 Saarbrücken   Telefax: +49 681 3720 1749   www.vdm-vsg.de

www.ingramcontent.com/pod-product-compliance
Lightning Source LLC
Chambersburg PA
CBHW020809160426
43192CB00006B/498